本书受国家自然科学基金面上项目（项目号：71874106）资助

时空统计学
理论及应用

U0366755

Theory and
Application *of*
Spatiotemporal
Statistics

柯蓉 ————

主编

上海交通大学 出版社
SHANGHAI JIAO TONG UNIVERSITY PRESS

内容提要

  时空统计分析在地理信息系统、环境科学、城市规划等领域被广泛应用。本书详细介绍了时空统计分析的发展背景、主要工具、方法及应用领域。通过阅读本书,读者可以逐步深入了解时空数据的处理、模型构建、分析方法和实际应用案例。此外,本书还提供了 ArcGIS 软件的操作指南,旨在帮助读者更好地应用所学知识进行实践操作。本书内容丰富、结构清晰,既适合作为时空统计分析领域的本科和研究生教材,也可供相关研究人员和专业人士参考阅读。

图书在版编目(CIP)数据

  时空统计学理论及应用／柯蓉主编.－－上海：上海交通大学出版社，2025.1. －－ ISBN 978－7－313－31755－1

  Ⅰ.C8

  中国国家版本馆 CIP 数据核字第 2024V78R06 号

时空统计学理论及应用

SHIKONG TONGJIXUE LILUN JI YINGYONG

主　编：柯　蓉			
出版发行：上海交通大学出版社		地　　址：上海市番禺路 951 号
邮政编码：200030		电　　话：021－64071208
印　　制：苏州市越洋印刷有限公司		经　　销：全国新华书店
开　　本：710 mm×1000 mm　1/16		印　　张：13.75
字　　数：231 千字		
版　　次：2025 年 1 月第 1 版		印　　次：2025 年 1 月第 1 次印刷
书　　号：ISBN 978－7－313－31755－1		
定　　价：79.00 元		

前　　言

在当今信息爆炸的时代,我们被各种数据包围,这些数据包含丰富的信息,涵盖时间和空间的信息,即不同地点和时间点下的数据记录。时空数据的最大特点在于数据类型多样、结构复杂和数据量庞大。其来源涵盖了栅格数据、矢量数据、遥感数据、野外实测数据以及数字化数据等,已经从单一的格式化数据扩展为多介质非格式化的数据类型。此外,空间数据的拓扑结构复杂,具有有序且不定长的关系,时间维度的引入使得数据不断积累,形成海量信息。这些特性丰富了数据库的内容,使得时空数据库具备了动态性和全面性,能够有效地支持地理信息系统、城市规划、环境监测等领域的数据管理与分析需求。时空数据通常具备自相关性和空间相关性,即相邻时空单元之间的数据值往往具有相关性。传统统计方法常常忽视这种相关性,未能充分挖掘时空数据所蕴含的信息。

时空统计分析作为一门新兴的交叉学科,正是在这种背景下应运而生的。它不仅关注数据的统计特性,还深入探讨数据在时间和空间上的分布、变化和相互关系。时空统计分析的起源可追溯至地理信息系统(Geographic Information System,GIS)的发展,使得空间数据的收集、存储和管理变得更加便捷,并提供了强大的数据分析与可视化功能。随着大数据时代的到来,人们开始关注如何利用这些庞大的时空数据揭示隐藏的关键信息。时空统计分析有助于解决一系列问题,如地理现象的空间分布、空间关联性、空间插值以及时间序列分析,广泛应用于城市规划、环境科学、流行病学和经济学等领域。随着技术的不断进步,时空统计分析方法也在不断演变,新技术和新工具不断涌现,以满足日益增长的需求。

《时空统计学理论及应用》是一本关于时空统计分析的专业书籍,旨在介绍和探讨时空数据在统计学中的应用。本书涵盖了时空统计分析的主要工具与方法、应用场景、研究现状以及面临的挑战,旨在为广大科研人员和学者提供一本实用的参考。

本书讨论的重点是时空统计分析的研究现状及所面临的挑战。随着时空数据的快速增长,研究人员提出了多种时空统计分析方法。然而,传统统计方法在时空数据分析中常常显得不足,因此涌现了针对时空数据特点而设计的新方法,如时空平滑方法、时空聚类方法和时空回归方法等。同时,时空统计分析也面临诸多挑战,包括数据量庞大和复杂性、空间不连续性、时间粒度和尺度、空间异质性、空间关系和邻近性等。这些问题有待进一步研究和探索,以提升时空统计分析的适用性。

第1章概述了时空统计分析的发展背景,包括其起源、发展阶段及当前的研究热点,并探讨了主要应用场景,如城市规划、环境保护和公共管理等,以使读者对时空统计分析有全面的了解。接着,阐述了研究现状及面临的挑战,从研究方法、数据处理和分析技术等方面探讨当前存在的不足,并指出未来研究中需要解决的问题。此外,我们还介绍了时空统计分析所使用的软件和工具,如 ArcGIS 和 R 语言,为读者提供实际操作的建议。

第2章和第3章分别介绍了时间及语义表达和空间及语义表达。在时间及语义表达部分,我们首先阐述了与时间统计分析相关的基本概念,如时间序列、时期和时点等。接着,介绍了时间数据的处理方法,包括时间序列的平滑、分解和转换,并讨论时间关系统计测度,如时间趋势、季节性和周期性等。空间及语义表达部分则介绍了与空间统计分析相关的基本概念,如空间单元、空间关系和空间异质性等,并阐述了空间数据的处理方法,包括数据的收集、整理及存储,进一步讨论空间关系统计测度,如空间自相关和空间权重矩阵等,同时分析探索性空间统计方法及其应用。

第 4 章首先介绍了时空数据的特点和属性,包括类型、结构和关系等,接着阐述了时空数据模型的类型,如时空序列模型、时空立方体模型和时空网络模型,并介绍了时空聚类算法及其应用,如 K-means 和 DBSCAN 等。同时,探讨了时空挖掘算法及其应用,如关联规则挖掘和分类规则挖掘等。

第 5 章和第 6 章分别介绍了时空常系数回归模型和时空变系数回归模型。在时空常系数回归模型部分,我们首先阐述了相关基础知识,然后介绍模型类型,如时空滞后模型、时空误差模型等,进而探讨模型的设定方法,如时空随机效应模型,并介绍了模型的估计方法,如最大似然估计和矩估计等,讨论了检验空间效应的方法。在时空变系数回归模型部分,介绍了基本模型及其估计方法,如加权最小二乘法和核密度估计等,同时阐述了权函数和带宽参数的选择方法,如交叉验证和优化算法,最后介绍了时空非平稳性检验的方法,如单位根检验和ADF 检验。

第 7 章是应用案例。本章选择了几个具有代表性的案例,如基于 ArcGIS 软件的上海市徐家汇街道英语培训机构区位因素分析、基于常系数空间模型的上海休闲活动影响因素分析等,以便读者能更好地理解时空统计分析的方法及其应用。

第 8 章介绍了 ArcGIS 软件的基本功能和操作方法,包括 ArcMap、ArcToolbox、ArcCatalog 等,并提供了操作实例,帮助读者快速掌握 ArcGIS 软件的使用。

本书在编写过程中,力求内容全面、系统,论述清晰、易懂,为读者提供深入理解时空统计分析的框架和方法。我们的目标是通过这些章节,使读者全面了解时空统计分析的基本概念、方法和应用,帮助读者建立对时空数据分析的理论基础,并为实际问题的解决提供有效的技术和工具。本书可作为统计学、地理信息系统、环境科学等专业领域的研究人员和学生学习时空统计分析的重要参考资料,也可作为高年级本科生和研究生的教材。

在编写过程中,笔者参考了一些国内外优秀教材、科研成果和其他文献资料。其中,第 1 章到第 6 章由柯蓉编写,第 7 章的案例 1 由顾隽扬编写,案例 2

和案例 3 由周思凡编写,案例 4 参考了曹闻博士的论文《时空数据模型及其应用研究》。林成龙对本书进行了审校。

由于时空统计分析涉及多个学科,本书中难免存在疏漏和不足之处,敬请广大读者批评指正。我们将不断完善本书的内容,以满足读者的需求。

目　　录

时空统计学概论

社会发展、科技进步和信息化时代的到来，产生了大规模、多样化的时空相关数据。这些数据涵盖了时间和空间信息，包括不同地点和时间点下的数据记录。时空数据通常具有自相关性和空间相关性，即相邻时空单元之间的数据值往往存在相关性。传统统计方法忽视了这种相关性，无法充分挖掘时空数据的价值。

时空数据的最大特点就是数据类型多、数据结构复杂和数据量大。时空数据有着复杂的来源和种类，如栅格数据、矢量数据，又如遥感数据、野外实测数据、数字化数据等。时空数据类型从单一的格式化数据扩展为多介质非格式化的数据。空间数据的拓扑结构复杂，关系有序不定长，以及由于时间维的加入，时间不断变化造成的历史数据积累形成海量数据。时空数据的这些特性大大丰富了数据库的内容，使时空数据库具有了全面性和动态性。

时空统计分析是对时空数据进行综合分析并建模的方法，通过考虑时间和空间上的自相关性，即结合时间维度和空间维度来揭示随时空变化的模式、趋势和关联性，可以更为准确地描述数据分布和变化。时空统计分析广泛应用于许多领域，包括城市规划、交通管理、环境科学、卫生健康、金融等。时空统计分析的目标是通过建立时空数据模型，从多个角度深入理解和解释事件及现象在时间和空间上的演化和变化规律，为决策制定、规划设计和问题解决提供支持。

时空数据模型是一种为特定应用目的而构建的模拟系统。它基于我们对客观世界的理解，并通过时空数据的形式来表达这一理解。虽然我们追求模拟系统尽可能地贴近现实世界的本质，但由于现实世界的复杂性和不断变化，我们应该从实际应用的角度出发，对客观世界及其相关事物进行适度范围和深度的模拟，以满足用户的实际需求。同时，我们必须确保数据模型能够在计算机上以数字化的形式有效实现。

时空数据模型是对现实世界的数据进行客观抽象和形式化描述。鉴于时空数据的特殊性质和对它们管理的特定要求，在设计时空数据模型时，我们需要考虑以下几个关键问题：

（1）可扩展性。模型需要具备强大的可扩展性，以便能够全面表达时空语义，确保现实世界中的绝大多数现象和事物能够在空间、时间和特征上得到有效的表示。

（2）关系表达。模型必须能够捕捉和表达空间关系、时间关系以及时空特征关系，这对于全面描述复杂现象至关重要。

（3）统一管理。模型应当能够统一和协调地管理各个对象的历史和现状，减少数据冗余，维护数据的一致性，并提高存储效率。

（4）完整性约束。需要明确定义时空完整性约束，以确保数据的可靠性和规范性。

（5）数据挖掘支持。模型应有效地支持时空数据挖掘，以便挖掘数据中的潜在信息和规律。

随着时空数据挖掘研究和应用的不断进步，时空数据模型已经引起了地理信息系统和计算机科学领域专家学者的广泛关注。国际上已经提出了多种时空数据模型，这些模型虽在表达时空数据时各有优势和局限，但它们共同为时空数据模型的最终建立和完善做出了贡献。

1.1　时空统计分析的发展背景

时空统计分析是一种涵盖空间和时间因素的数据分析方法，用于研究地理现象随时间变化的模式。它可以帮助我们理解和解释地理现象在不同地点和时间点的变化趋势，揭示地理现象背后的规律和机制。

时空统计分析发展背景可以追溯到地理信息系统（Geographic Information System，GIS）的发展。GIS 的出现使得空间数据的收集、存储和管理变得更加容易，并且提供了强大的数据分析和可视化功能。随着大数据时代的到来，人们开始关注如何利用大规模的时空数据来揭示隐藏在数据背后的信息。

时空统计分析有助于解决一系列问题，如地理现象的空间分布、空间关联性、空间插值以及时间序列分析。它可以应用于许多领域，包括城市规划、环境科学、流行病学、经济学等。随着技术的不断进步,时空统计分析方法也在不断发展,新的技术和工具不断涌现,以满足不断增长的需求。

(1) 空间数据的快速增长。随着卫星遥感、地理定位和传感器技术的进步,获取和收集空间数据变得更加容易。大量的空间数据的不断积累为时空统计分析提供了更丰富的数据源。

(2) 时空数据分析软件的发展。随着技术的不断进步,诸如 ArcGIS、QGIS 等空间数据分析软件的出现和不断更新,为研究人员提供了更强大和灵活的工具,使得时空统计分析变得更加便捷和高效。

(3) 时空数据交互和共享的进一步完善。不同机构和组织之间空间数据的交互和共享逐渐得到加强,这使得研究者能够更广泛地应用和验证时空统计分析方法,促进了该领域的发展。

(4) 新的时空统计分析方法的提出。空间科学的发展推动了对地球表面和地理现象的研究,进一步促进了时空统计分析的发展。空间科学涉及空间数据的收集、处理和分析,为时空统计分析提供了更丰富、更精确的输入数据。随着对时空数据理解的深入和需求的变化,各种新的时空统计分析方法被提出并被广泛应用。例如,地理加权回归、克里金插值、时空聚类分析等方法的出现,丰富了时空统计分析的工具箱。

(5) 数据可视化和交互技术的发展。数据可视化和交互技术的进步使得研究人员能够更好地理解和发现时空模式。例如,地图、图表、动画和交互式工具等可视化技术提供了直观的方式来展示和分析时空数据,从而帮助揭示地理现象的空间和时间特征。

(6) 机器学习和人工智能的应用。随着机器学习和人工智能的不断发展,时空统计分析领域的研究者也开始探索如何利用这些技术来建模并预测地理现象的时空变化。例如,时空预测模型、聚类分析和异常检测等方法在时空统计分析中得到应用,为决策的制定提供了更准确的信息。

(7) 小型便携设备的普及。随着移动设备和便携式传感器的普及,人们可以随时随地获取和记录空间数据,这为时空统计分析提供了更广泛的数据来源。例如,利用 GPS(Global Positioning System,全球定位系统)和移动应用程序收集的位置数据可以用于研究人员对城市活动和交通流量的分析。

(8) 社交媒体数据的利用。随着社交媒体的普及和用户生成内容的激增,越来越多的时空信息被记录和分享。研究人员开始利用社交媒体数据进行时空统计分析，以了解人们在不同时间和地点的行为和偏好。

（9）跨学科合作的加强。时空统计分析通常涉及多个学科领域的交叉，如地理学、计量经济学、统计学等。而在实践中，各个学科领域的专家和研究者之间的跨学科合作和交流不断加强，从而推动了时空统计分析的发展。

总之，这些因素共同推动了时空统计分析方法的创新和应用领域的扩展。

1.2 时空统计分析的主要应用场景

随着数字通信技术、遥感技术和全球定位系统等时空数据采集技术的发展，时空数据也在众多领域得到了广泛应用，下面简单介绍几种典型的应用需求。

1.2.1 地学分析

随着各种遥感技术的发展，用以描述地理环境和现象的信息数据也在不断积累。地理信息系统为描述、组织和管理这些数据提供了的思路和工具。GIS和时空数据分析之间的关系密不可分。GIS利用遥感技术和全球定位系统等时空数据采集技术获取地理环境和现象的信息数据，并利用空间分析和地理统计等方法进行地学分析。

在地学分析方面，时空数据分析可以用于研究地理现象的空间分布特征、变化趋势、相互关系等。地学分析可以揭示自然地理现象和人类活动的空间格局、地理过程和人地关系等重要信息。例如，在环境保护领域，GIS可以用于分析污染源的空间分布和影响范围，评估环境质量和生态系统的脆弱性，为环境规划和决策提供科学依据。

另外，GIS在城市规划、农业管理、资源开发和灾害管理等领域也有广泛应用。地学分析可以更好地理解地球表面的现象和过程，为人类提供可持续发展和环境保护的方案和策略。因此，地学分析是时空数据应用中重要的一部分，GIS技术的发展和应用为地理学研究和地球科学提供了强大的工具和方法。

图 1-1 地学信息系统与时空数据模型的层次关系

国际地图协会于1995年提出的时空概念

模型和工具推动了时态 GIS(Temporal GIS,TGIS)的发展。时态 GIS 是一种专门用于采集、存储、管理、分析和显示地学对象随时间变化信息的计算机系统。与传统 GIS 不同,时态 GIS 强调对地学对象的时间维进行表征,并能够通过动态处理和分析提供历史总结和趋势预测的决策辅助功能。时态 GIS 能够处理具有多维、多尺度、时变等特征的地学数据,满足地学对信息数据组织管理的新需求。时态 GIS 的核心基础是时空数据模型,它用于组织和管理地学数据。时空数据模型使地学现象在时间和空间上的变化和关联得以表达。通过时空数据模型,时态 GIS 能够有效地表示和分析地学对象随时间的变化。总的来说,时态 GIS 是通过采集、存储、管理、分析和显示地学对象随时间变化的信息,用于模拟地学现象的系统。时空数据则是时态 GIS 的前提和基础,而时态 GIS 的应用则是为了实现对地学对象随时间变化的信息的利用和决策辅助分析。

1.2.2　地籍管理

地籍管理是国家实施的一项关键措施,它包括地籍调查、土地登记、土地统计和土地分等定级等内容。这一制度的核心目标是获取详尽的地籍资料,并对土地的权属、自然特征以及经济状况进行全面研究。地籍管理的核心关注点在于解决土地权属问题,通过建立和完善地籍管理制度,能够实时掌握土地属性的变化趋势,有效监测土地利用情况及其权属的变更。这一过程对于土地管理而言至关重要,因为它涉及收集、维护和更新与土地相关的自然、经济和法律信息。

地籍管理系统通常被视为地理信息系统(GIS)的一个子集,特别强调对土地地理信息的记录。这一系统通过整合和分析土地数据,为土地规划、管理和决策提供了强有力的支持,确保了土地资源的合理利用和有效保护。地籍管理可以为政府、土地所有者和投资者提供准确的土地信息,从而支持土地交易、管理决策和政策制定。地籍管理系统可以通过地籍调查和测量获得土地的准确地理位置、边界和面积等信息,并与土地登记和统计数据相结合,构建土地权属和土地利用信息的数据库。这样的系统可以为政府部门、土地所有者和投资者提供准确的土地信息,支持土地管理、土地交易和决策分析。

地籍管理系统主要管理地籍信息数据,包括地籍专题数据和基础地理数据。地籍专题数据反映土地所有权、使用权和利用状态等信息,而基础地理数据则包括地理位置、边界、地块面积等属性信息。在地籍管理系统中,地籍信息数据不仅具有空间和属性特征,还具有时变性。比如通过多时相的遥感影像对非法建筑进行动态监测,反映土地利用的历史变化和预测趋势。

地籍管理系统的技术核心在于构建科学合理的时空数据模型,用于组织和管理土地的时空数据。时空数据模型可以对土地时空数据进行存储、管理和分析。这样的系统可以提供时空分析、监测和总结土地利用的历史变化信息,进一步预测土地利用的趋势。这些信息可为政府部门和研究机构提供决策依据,以支持土地规划和管理工作。

1.2.3 智能交通系统

智能交通系统是利用计算机技术、遥感技术、通信技术和网络技术等科学技术,围绕交通信息数据为现代社会交通的规划、设计、运营和维护提供数据支持的系统。智能交通系统的研究成为科学理论研究的热点,旨在解决交通拥堵、交通事故和环境污染等问题。

交通信息数据是智能交通系统的重要组成部分,涵盖交通出行者、管理者、交通工具和道路网络等的相关信息。智能交通系统利用这些交通信息数据进行可视化分析和交通规划的辅助决策。为了有效组织和管理这些交通信息数据,构建一个先进、科学且易操作的时空数据模型成为智能交通系统的核心和基础。

智能交通系统涉及的交通信息数据种类繁多,包括基础地理信息数据、交通管理信息数据、交通管理者信息数据、交通管理对象信息数据和动态交通数据等。这些数据具有海量、多源、时变和异构等特点。通过建立合适的时空数据模型,智能交通系统可以有效地组织和管理交通信息数据,为交通规划、运营和决策提供支持。智能交通系统的发展目标是实现交通信息数据的高效利用和交通管理的智能化,提高公共交通规划和管理能力,减少交通拥堵,提升交通安全性,并提高环境质量。

因此,智能交通系统的发展需要依托先进的信息技术,构建科学且可操作性强的时空数据模型,以支持交通信息数据的组织管理和智能化决策。这将为城市交通管理和社会的可持续发展提供重要的技术支持。

1.2.4 国防军事

在全球化、军事信息化浪潮的推动下,现代战场模式和战场空间正经历着前所未有的快速发展和变革。作战空间已不再局限于地球表面,而是向地下、水下、空中乃至太空等多维度扩展。在陆地战场,作战空间已经从地面延伸至地下，涵盖了地下掩体、洞穴工事以及城市人防系统等复杂结构。这些地下建筑的分布和相互关系极为复杂，如何理解和精确描述地下三维空间中的作战行动、定位作战目标，仍是一个亟待填补的研究空白。

在空中和海上战场，作战空间同样在向更深层次拓展。空中作战已从传统的中低空领域扩展至平流层，而海上作战则越来越重视深海探测和深海对抗能力的发展。此外，太空战场的兴起标志着军事行动的新纪元，宇宙空间探测和空间对抗已成为当前和未来军事战略的重要组成部分。随着军事活动范围的不断扩大，从地球表面延伸至地月空间、太阳系乃至更遥远的太空，我们需要精确定位和描述空间飞行器、空间武器和空间碎片的轨道与位置，同时也要精确掌握月球、火星以及其他星球之间的时空关系。

随着深空探测、大气层探测、海洋探测和地下探测技术的不断进步，我们已经能够获取从宇宙空间到地球大气圈不同高度、海洋圈不同深度、地下不同深度的丰富时空数据。这些数据覆盖了各个层面的多个截面，为理解和掌握复杂的战场环境提供了宝贵的信息资源。

因此，精确描述和管理军事作战空间的时空数据变得非常重要。在信息化建设的背景下，需要借助先进的信息技术和数据处理手段，构建能够处理和管理这些海量时空数据的时空数据模型，并提供相关的分析工具和决策支持系统，以支持军事行动的规划、计划和执行。

在海、陆、空（包括深空）作战环境中准确地描述作战实体的位置并统一组织管理海陆空一体化战场的海量时空数据，可以通过以下方式实现。

（1）构建统一的时空数据模型。根据作战环境的特点和需求，设计合适的时空数据模型，将海、陆、空作战环境中的实体位置、战场对象、战场过程以及态势要素等数据进行统一描述和管理。时空数据模型可以考虑使用时空本体、时空查询语言等技术进行建模和描述。

（2）建立时空数据管理系统。建立一个完善的时空数据管理系统，用于存储、组织和管理海陆空一体化战场的海量时空数据。该系统应具备强大的数据处理和分析能力，能够实现数据的动态处理、精确分析、快速查询和预测推演等功能。同时，考虑利用时空数据存储结构和时空数据索引技术，提高数据的检索和查询效率。

（3）开发时空数据应用工具。基于统一的时空数据模型，开发针对海陆空一体化战场的时空数据应用工具，用于准确描述作战实体位置，分析战场对象、战场过程、态势要素及其相互关系。这些工具通常包括时空数据查询工具、时空数据分析工具和时空数据挖掘工具等。

综上所述,通过构建统一的时空数据模型、建立时空数据管理系统以及开发时空数据应用工具,可以在海陆空一体化战场中准确地描述作战实体位置、统一组织管理海量时空数据,并实现对战场对象、战场过程、态势要素及其相互关系的准确描述。这为军事国防提供了坚实的技术基础和支撑,从而帮助提升作战能力和决策水平。

1.2.5 经济分析

时空统计分析在区域经济中的应用可以帮助我们理解经济现象的时空变化,发现潜在的模式和趋势,以及提供支持决策的依据。以下是时空统计分析在经济领域的一些主要应用。

(1)区域经济研究。时空统计分析可以帮助我们了解不同地区经济活动的空间分布情况、区域之间的经济联系,以及经济增长和发展的空间模式和趋势。通过分析区域的时空经济数据,我们可以发现不同地区的经济特点和竞争优势,评估区域政策和发展战略的效果。

(2)市场分析。时空统计分析可以帮助我们了解市场的空间格局和变化趋势,例如产品销售的空间分布、市场份额的时空变化等。通过对市场时空数据的分析,我们可以发现市场的潜在需求和机会,指导产品或服务市场定位和推广策略。

(3)交通和物流效率优化。时空统计分析可以帮助我们优化交通和物流网络,提高运输效率和资源利用效率。通过分析时空交通数据,我们可以识别拥堵瓶颈、预测需求高峰、规划最佳路线和运输模式,从而提高运输效率、降低运输成本。

(4)金融风险管理。时空统计分析可以帮助我们识别和管理金融风险,如信用风险、市场风险和操作风险等。通过分析金融时空数据,我们可以发现金融市场的热点和波动趋势,预测风险事件的发生概率和影响范围,制定有效的风险管理策略。

(5)地产市场分析。时空统计分析可以帮助我们理解地产市场的供需关系、价格变动和投资机会。通过分析房地产时空数据,我们可以发现不同区域和类型的物业市场的特点和变化趋势,预测价格变动和投资回报,辅助地产开发和投资决策。

时空统计分析在经济中的应用涵盖广泛的领域,可以帮助我们深入理解和掌握经济现象的时空特征和规律,从而提供支持决策和优化经济活动的依据。

1.3　时空统计分析的研究现状及面临挑战

自汤姆林森(R. F. Tomlison)于 1963 年首次提出地理信息系统之后,地理信息系统领域的研究已经成为全球各国政府、研究机构以及学术界的共同关注点。在这一领域中,空间数据模型构成了 GIS 软件用以组织和管理空间数据的核心方法和理论基础。然而,随着遥感监测、近景摄影变形监测、地籍管理、灾害应急、交通管理、军事国防等多个应用领域对空间实体的时间维度和时态关系的日益重视,以及对实体空间、时间和属性一体化管理需求的增长,传统的 GIS 已逐渐无法满足表达地理实体动态特性的挑战。

因此,时态 GIS 或多维 GIS 应运而生。这些系统不仅在理论上,而且在实践中,都成为研究的焦点。时态 GIS 的核心在于时空数据统计模型,该模型能够处理和分析随时间变化的空间数据,从而更准确地捕捉和表达地理实体的动态行为。这一模型的发展已经成为众多研究机构和学者研究的重点,旨在推动 GIS 技术的进步,以适应不断演变的地理信息管理需求。

时空统计分析是一种将时空元素与统计方法相结合的研究方法,用于分析和解释时空数据的变异、趋势和关联性等特征。它在各个领域都有广泛的应用,包括城市规划、环境科学、地理学、社会科学等,取得了丰富的成果,也存在一些挑战。

1.3.1　时空统计分析的研究现状

当前时空统计分析在理论基础和方法应用上都已取得了丰富的成果,具备了以下特点:

(1) 方法丰富。随着时空数据的快速增加,传统的统计方法在时空数据分析中常常存在不适用的问题,因此,涌现了许多针对时空数据的特点设计的新方法。例如,时空平滑方法、时空聚类方法、时空回归方法等。

(2) 理论研究不断深入。对于时空数据的特性和分析方法的理论研究也在不断深入。研究人员致力于探索时空自相关、时空异质性、时空尺度和时空关联性等概念的内涵和度量方法,为时空统计分析提供更加准确和可靠的理论基础。

（3）技术支持不断增强。随着计算机技术和空间信息技术的发展,时空统计分析的技术支持也得到了较大的提升。高性能计算、地理信息系统、遥感技术等工具和方法的引入,使得时空统计分析能够更加高效地处理大规模时空数据,并进行可视化和交互式分析。

（4）跨学科交叉研究。时空统计分析已经成为许多领域交叉研究的重要组成部分。它与地理学、计算机科学、社会科学、环境科学等学科的结合,为各个领域提供了强大的时空数据分析工具和方法。

1.3.2　时空统计分析面临的挑战

虽然时空统计分析已经取得了较大的进展,但仍存在一些挑战和待解决的问题。其中包括如何有效处理不完整和不准确的时空数据,如何处理时空数据中的不确定性,以及如何在大数据环境下进行时空统计分析等。这些问题需要进一步研究和探索,以提升时空统计分析的适用性和有效性。具体而言,时空统计分析面临的挑战如下。

（1）数据量大且较为复杂。时空数据通常具有大量的数据点和多个维度的属性信息,这增加了数据的复杂性和处理的难度。传统的数据模型可能无法有效地处理大规模且复杂的时空数据。

（2）空间不连续性。时空数据中的空间观测点通常是不连续的,存在着空间上的间隔和缺失。这给模型的空间插值和预测带来了挑战,需要合适的方法来填补空间缺失或插值空间数据。

（3）时间粒度和尺度。时空数据可能存在不同的时间粒度和尺度,如秒级、小时级、日级等。这对于数据模型的处理和分析提出了更高要求,需要根据不同的应用需求和问题,选择合适的时间粒度和尺度。

（4）空间异质性。时空数据在空间上可能存在异质性,即不同地区的空间属性和关系可能存在差异。这需要考虑到异质性对模型的影响,并采取相应的处理方法。

（5）空间关系和邻近性。时空数据中的随机空间关系和邻近性对于特定应用和问题非常重要,如空间聚类、空间插值、路径规划等。然而,传统的数据模型可能无法充分地表示和利用空间关系和邻近性。

（6）非平稳时空演变分析。在非平稳时空演变分析中考虑变点的问题是非常重要的，因为变点的存在，可以影响数据的统计特性和模型的有效性。我们可用一些方法和技术捕捉变点的位置和突变的形式。常用的变点检测方法包括基于统计检验的方法（如 CUSUM、LRT 等）、基于模型拟合的方法（如断点回归、分段线性回归等）、窗口移动方法、动态模型和专家知识。运用上述方法可以更好地理解时空数据的演变过程并准确捕捉到变点的影响，从而提高分析的准确性和解释性。

1.4　时空统计分析的软件和工具

时空统计分析中有一些常用的软件和工具，可以用于处理和分析不同类型时空数据分析问题，以下是其中几个常见的软件。

（1）ArcGIS。ArcGIS 是一款功能强大的地理信息系统软件，它提供了丰富的时空分析功能和工具，可以用于处理、可视化和分析时空数据，包括时空插值、时空聚类、时空回归等。

（2）R。R 是一种开源的统计分析软件，具有丰富的时空统计分析包和工具。例如，spatial、spacetime 和 GeoXp 等包提供了一系列用于时空数据分析的函数和方法。

（3）Python。Python 是一种广泛使用的编程语言，也有许多用于时空统计分析的库和工具。例如，GeoPandas、PySAL 和 SciPy 等库提供了处理和分析时空数据的函数和方法。

（4）SpaceStat。SpaceStat 是一款专门用于空间统计分析的软件，提供了丰富的时空统计方法和工具，包括空间自相关、模式检测、克里格插值等。

（5）GeoDa。GeoDa 是一款专门用于地理空间数据分析的软件，提供了多种时空统计方法和可视化工具，如空间聚类、空间回归、空间插值等。

（6）GeoAnalytics。GeoAnalytics 是一款在大数据环境下进行时空分析的软件，可以高效地处理和分析大规模的时空数据，支持各种时空统计分析和建模。

（7）STATA。STATA 是一款常用的统计分析软件，也提供了一些时空统计分析的功能。STATA 的时空数据模块可以用于处理和分析常规的时空数据,同时具备处理面板数据和时间序列数据的功能,支持各种模型和方法的估计和推断。

(8) SaTScan。SaTScan 是一款专门用于空间—时间聚集检测的软件。它可以用于寻找空间—时间上的聚集模式和异常事件,对时空数据进行聚类分析和扫描统计等。

这里提到的软件和工具只是其中的一部分,实际上还有很多其他的软件和工具可以用于时空统计分析,选择适合自己研究目的和数据特点的工具是很重要的。同时,有些软件和工具的使用可能需要学习和掌握一定的知识和技能,可以根据自己的需求选择学习相应的技术。

1.5　本章小结

本章从时空统计分析的概念出发,探讨了其发展背景、主要应用场景、研究现状以及面临的挑战。时空统计分析作为一门新兴的交叉学科,旨在解决传统统计方法无法有效处理的时空数据问题。通过分析时空数据的特点,本章强调了时空统计分析在地理信息系统、环境监测、城市规划等领域的重要性。

在讨论应用场景时,本章详细介绍了时空统计分析在不同领域的具体应用,展示了其广泛的应用前景。同时,本章也指出了当前研究中存在的问题,如数据质量、模型选择、计算效率等,为后续章节的深入探讨奠定了基础。

最后,本章对常用的时空统计分析软件和工具进行了概述,为读者提供了实用指导。借助这些软件和工具,研究人员可以更有效地处理和分析时空数据,从而推动时空统计分析的发展和应用。

〰〰〰〰〰〰〰　思考与练习题　〰〰〰〰〰〰〰

思考题:

1. 时空统计分析与传统统计分析的主要区别是什么?

2. 列举时空统计分析在至少 3 个不同领域的应用实例,并简述其作用。

3. 针对时空统计分析面临的挑战,提出可能的解决方案或研究方向。

练习题：

    1. 调研并总结当前主流的时空统计分析软件及其特点。

    2. 收集一组具有时空特征的数据，并尝试进行初步的统计描述分析。

    3. 设计一个简单的时空统计分析实验，包括数据收集、处理和分析步骤。

第 2 章

时间及其语义表达

时间是一个古老且复杂的问题,它涉及哲学、物理学和相对论等多个学科领域。在人类历史上,时间最早被视为永恒流动的概念,与事件和过程无关,被认为是独立存在的绝对时间。这种观念在牛顿时代被广泛接受。

然而,随着物理学和天文学等学科的发展,尤其是爱因斯坦相对论的提出,对时间的理解发生了改变。狭义相对论指出,时间与宇宙和观察者之间的联系紧密相关的,不同的观察者在相对匀速运动中对同一事件的测量结果有不同。

2.1 时间的相关概念

这一节将会介绍一些与时间及时间数据相关的概念,如时间概念、时间结构、时间维度、时间密度等。

2.1.1 时间概念

时间虽然是人类生存环境中一个不可缺少的元素,但关于时间却没有一个确切的定义。"现在是什么时间?"这个问题显然再简单不过了。但如果颠倒词序询问"时间是什么?"恐怕就没有多少人能够说清楚了,事实也确实如此。

时间最早是一个哲学问题。牛顿在《自然哲学之数学原理》中指出:"绝对、真实的数学时间,就其本身及其本质而言,是永远均匀地流动。"而根据狭义相对论,时间是一个相对的概念,受到观察者的影响。相对论还引入了时间的弯曲概念,即质量和速度可以影响时间的流逝速度。这意味着在强引力场或高速运动中,时间可以被延展或收缩。

因此,时间的描述和表达需要在物理学和相对论的基础上进行进一步研究,以建立一个正确、规范和合理的时态描述方式。这包括对时间的量化、测量、均衡等方面的研究，以及对时间的不同尺度和维度的理解。同时，时间在人类的日常生活中具有重要意义。它作为时间点、时间段、时间序列等形式存在于我们的生活中，并被广泛应用于各个领域。

2.1.2　时间结构

时间结构表示的是时间本身如何组织和演变。目前，时间的结构表示可以分为线性结构、分支结构和循环结构三种。

（1）线性结构。线性结构模型认为时间是一条没有端点，向过去和将来无限延伸的轴线（见图 2－1）。这种模型可以表示时间的通用性、连续性和量度性。另一种线性结构模型认为时间是单向指向将来并无限延伸的轴线。

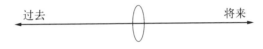

过去　　　　　　　　　　将来

图 2－1　线性时间结构模型示意图

（2）分支结构。分支结构模型认为时间是由过去向现在和将来的可分支轴线（见图 2－2）。这种模型更适用于描述多目标在历史和未来发生变化的现象。分支结构可以分为多种类型，如过去向现在是单调递增而现在向将来有多种可能的变化，或者过去向现在有多种可能的变化而现在向将来是单调递增的，还有过去、现在和将来都可能发生多种变化的情况。

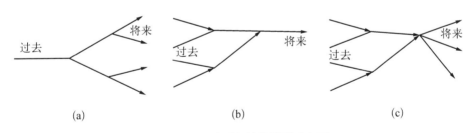

(a)　　　　　　　　　(b)　　　　　　　　　(c)

图 2－2　分支时间结构模型示意图

（3）循环结构。循环结构模型体现了时间的连续性、周期性和稳定性，源自于自然界中的交替演变，如日出日落、四季交替、生老病死等周期性现象。循环结构和线性结构共同体现了现实世界的发展，二者相辅相成，是不可分割的。

这三种时间结构模型在不同的情境和领域中可以相互交织和组合。它们提供了不同的视角和方法来描述时间的特征和变化,有助于我们理解时间在现实世界中的存在和演化。我们可以根据具体的研究目的和问题选择合适的时间结构模型进行描述和分析。

2.1.3 时间维度

时间维度类似于地理空间维度,可以是多维的,是根据实际应用需求而定的。时态数据库系统的处理难度随着维度的增加而增加。

时态数据库系统中的时间描述主要由用户自定义时间、有效时间和事务时间构成。其中,有效时间和事务时间是重要概念,且二者是正交的。

(1)用户自定义时间(user defined time)。它是根据用户的实际需求而定义的时间。这种时间通常使用时间点进行描述,其含义由用户解释和解读,数据库系统不负责对其进行解释。

(2)有效时间(valid time)。它是指现实世界中的事件或对象实际发生的时间,也称为世界时间。有效时间可以表示过去、现在和将来的任意时间,具体含义和数值由具体应用决定。

(3)事务时间(transaction time)。它是指记录或操作在时态数据库系统中发生的时间,也称为系统时间或数据库时间。事务时间记录了时态数据库的各种操作历程,由数据库系统自动处理,与具体应用相互独立。

有效时间和事务时间是两个独立的概念,它们分别描述了事件或对象在现实世界中发生的时间和数据库系统中记录或操作的时间。通过有效时间和事务时间的组合,时态数据库能够准确地描述和分析事件状态的变化。

2.1.4 时间密度

时间的数学描述形式一般有自然数、有理数和实数等,可以通过数学模型和方程来呈现。以下是一些常见的时间的数学描述形式:

(1)线性时间。线性时间可以通过一维的线性方程进行描述,时间的变化可以表示为 $a+bt$,其中 t 是时间,a 和 b 是常数。这种描述适用于线性的时间变化,如匀速运动或线性增长。

(2)周期性时间。周期性时间可以通过正弦或余弦函数进行描述,这是因为周期性事件或现象经常呈现出周期性的特征。正弦函数的一般形式为 $y = A * \sin(\omega t + \phi)$,其中 y 是事件的值,A 是振幅,ω 是角频率,t 是时间,ϕ 是相位。

（3）非线性时间。对于复杂的时间变化,可能需要使用更复杂的数学模型或方程。非线性时间的描述可能涉及微分方程、差分方程、动力系统等数学工具。这些工具可以更准确地描述事件或现象在时间上的变化关系。

时间的数学描述形式可以分为离散模型、步进模型和连续模型三类。根据时间轴线的密度不同,还可以出现多维结构的模式。

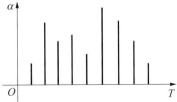

（1）离散模型(discrete model)。离散模型（见图 2 - 3）将时间与自然数进行映射,每个自然数对应一个时间点,且相邻时间点之间不存在其他时间点。离散模型可以根据不同的时间粒度,如年、月、日、小时、分钟、秒等来表示时间。

图 2 - 3　时间密度（离散模式）

（2）步进模型(step model)。步进模型（见图 2 - 4）将时间与有理数进行映射,将数据的状态视为时间的函数。在步进模型中,相邻时间点之间可以插入新的时间点,因此具有更高的时间分辨率。

（3）连续模型(continuous model)。连续模型（见图 2 - 5）认为时间轴上没有间隙,并将时间与实数进行映射。连续模型可以精确地描述现实世界的时间,但在计算机数字逻辑中,离散模型更符合实际需求。

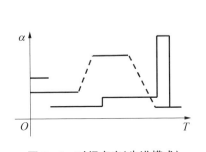

图 2 - 4　时间密度（步进模式）

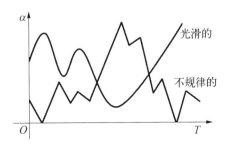

图 2 - 5　时间密度（连续模式）

总的来说,离散模型在时态数据模型研究中通常采用合理的时间粒度,并能减少数据冗余。而连续模型可以更准确地描述现实世界中的时间,但在计算机系统中更常见的是使用离散模型。我们可以根据具体应用的实时性要求选择适合的时间模型,根据具体的时间变化特征和研究目的选择合适的数学描述形式。数学描述可以帮助我们理解和预测事件或现象随时间的变化,从而为问题的分析和解决提供数学基础。

2.1.5 时间关系

时间关系是指时间对象之间的关系,主要有方向、距离和拓扑 3 种关系。时间方向关系,指时间是单向发展的,只能向前,不能后退。时间距离关系,是指距某一时刻满足某一时间条件。如距 2000 年 8 月 30 日一周发生的事件。时间拓扑关系,指满足拓扑学原理的 2 个时间区间之间的相互关系,包括如表 2-1 所示的 5 类。

表 2-1 时态区间的拓扑关系

序　号	几　何　解　释	关系名称
1	T1　　　　　　T2	相离
2	T1　　　　　T2	相接
3	T1　　　　T2	相交
4	T1　　　　T2	包含于
5	T2　　　　T1	包含于

1983 年,艾伦(James F. Allen)提出了时间拓扑关系区间代数以描述 2 个时间区间的拓扑关系,如表 2-1 所示(黑色网线表示区间 T1,灰色网线表示区间 T2)。Allen 的时间拓扑关系区间代数虽然为区间时态关系的推理奠定了基础,但其存在 3 个主要缺点:① 区间关系计算量比较大;② 解答时态关系的一致性较为复杂;③ 无法表征模糊时态区间的事件。

1998 年,舒红在埃根霍费尔(Max J. Egehofer)等人基于点集拓扑理论的基础上建立了基于点集拓扑理论的时态拓扑关系描述框架,其时间拓扑关系如表 2-2 所示。

表 2 - 2 两时态目标间的时态拓扑关系

矩 阵 图	谓 词	语 义	矩 阵 图	谓 词	语 义
$\begin{bmatrix} \phi & \phi \\ \phi & \phi \end{bmatrix}$	T_disjoint	XY 间隔出现	$\begin{bmatrix} \neg\phi & \neg\phi \\ \phi & \neg\phi \end{bmatrix}$	T_coverby	X 在 Y 变化期间出现
$\begin{bmatrix} \neg\phi & \phi \\ \phi & \phi \end{bmatrix}$	T_meet	XY 相遇出现	$\begin{bmatrix} \neg\phi & \phi \\ \phi & \neg\phi \end{bmatrix}$	T_equal	XY 完全同时出现
$\begin{bmatrix} \neg\phi & \neg\phi \\ \neg\phi & \neg\phi \end{bmatrix}$	T_overlap	XY 部分同时出现	$\begin{bmatrix} \neg\phi & \neg\phi \\ \phi & \phi \end{bmatrix}$	T_inside	X 在 Y 出现期间出现
$\begin{bmatrix} \neg\phi & \phi \\ \neg\phi & \neg\phi \end{bmatrix}$	T_cover	X 变化期间 Y 出现	$\begin{bmatrix} \neg\phi & \phi \\ \phi & \phi \end{bmatrix}$	T_contain	X 出现过程中 Y 出现

2.1.6 时间数据库

时态数据库是一种数据库类型,用于存储和管理具有时间维度的数据。根据数据特点、应用需求、研究需要等,可将时态数据库分为以下几种类型。

2.1.6.1 根据数据时间特性和应用需求分类

时态数据库是专门用于处理和存储与时间相关的数据的数据库。根据数据时间特性和应用需求,时态数据库可以分为以下四种类型。

(1) 时间戳数据库(timestamp database)。时间戳数据库使用时间戳来记录数据的时刻,每次对数据的修改都会有一个对应的时间戳。时间戳可以表示数据的创建、修改和删除时间,以便进行时间范围查询和版本控制。

(2) 有效时间数据库(valid time database)。有效时间数据库记录了数据在现实世界中的有效时间范围。每条数据都有一个开始时间和结束时间,表示数据在什么时间段内是有效的。有效时间数据库适用于对数据历史进行查询和分析的应用场景。

(3) 事务时间数据库(transaction time database)。事务时间数据库记录了数据的事务时间,即数据从创建到被删除或修改的整个时间范围。事务时间数据库可以追踪数据的变化历史,包括每个修改操作的时间戳和事务状态。

(4) 时态对象数据库(temporal object database)。时态对象数据库是一种特殊的时态数据库,它可以以对象的形式存储和管理时态数据。时态对象数据库支持对对象的时间变化进行建模和查询,以便对对象的历史状态进行分析和回溯。

2.1.6.2　按照两类时间的表达能力分类

根据两类时间的表达能力,数据库通常可以分为以下四种类型(见图 2-6)。

图 2-6　时态数据库类型

(1) 静态数据库(static database)。静态数据库只能表示对象在某一固定时间点的状态,无法表达对象随时间的变化。它适用于存储和查询不随时间变化的数据,如静态配置信息、参考数据等。

(2) 回滚数据库(rollback database)。回滚数据库可以回滚到过去某个时间点的数据状态。它使用事务日志记录数据库的历史状态,并允许用户恢复到先前的状态,类似于撤销操作。回滚数据库适用于需要保持事务一致性和恢复事务的应用场景。

(3) 历史数据库(historical database)。历史数据库记录了过去的数据状态和变化历史,可以支持对历史数据的查询和分析。它适用于需要了解数据演变过程、进行趋势分析和历史回溯的应用场景。

(4) 时态数据库(temporal database)。时态数据库具有较强的时间表达能力,可以表示对象随时间的变化和状态的有效期。它记录了每个对象在不同时间点的状态,并支持时间范围查询和时间导航。时态数据库适用于进行时态数据的管理、时间感知分析和时间导航的应用场景。

这些时态数据库类型可以根据应用需求进行选择和组合。有时,时态数据库也可以与传统的关系型、文档型或图形数据库结合使用,以满足更复杂的时间感知数据管理需求。

2.2　时间数据的处理

时间序列数据可以通过记录仪、观测测量或使用次级资料来获得。不论是以哪种方式获取的时间序列数据,在进行分析处理之前都需要进行认真的检查、整理和预处理。在时间序列的建立过程中,有以下五个常见步骤。

(1)数据获取。通过合适的方法获取所研究系统的时间序列数据。这可以是通过记录仪记录的数据,或通过观察测量得到的数据,也可以是直接使用次级资料。

(2)数据检查。对获取的数据进行检查,确保数据的准确性和完整性。这包括检查是否存在异常值、离群点以及数据的一致性等。

(3)数据整理。对数据进行整理,包括排序、去除重复值等。这有助于提高数据的可读性和可处理性。

(4)数据预处理。在某些情况下,数据可能会存在缺失值或错误值。在预处理阶段,需要针对缺失值进行填充或插补,并进行数据平滑或转换等处理,以保证数据的完整性和一致性。

(5)数据标准化。根据具体需要,对数据进行标准化处理,使其具有相同的量纲和范围。常见的标准化方法包括最小—最大标准化、标准差标准化等。

通过以上步骤,时间序列数据可以得到一个清洗、整理和预处理后的数据集,为之后的时间序列分析和模型建立提供可靠的基础。

2.2.1　时间序列数据的采集

对于所研究系统来说,时间的连续性体现在系统在不同时刻上的响应常常是时间 t 的连续函数。为了数字计算处理上的方便,往往只按照一定的时间间隔对所研究系统的响应进行观察和记录,我们称之为采样。相应地把观察和记录的时间间隔称为采样间隔,并用△表示。例如,对某市场某种水果的价格每隔一日进行一次记录,则采样间隔为一日(△=1 日或 24 小时),每个观察值也称为采样值,第 k 个采样值为 X_k,也就是连续函数 $X_{(t)}$ 的值 $X_{(t_0+k\Delta)}$,如图 2-7 所示。

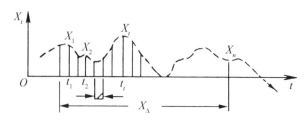

图 2-7 时间序列采样过程

在对时间序列 $X_{(t)}$ 的采样过程中,取不同的采样间隔可以得到不同的数字时间序列 X_t,$t=1,2,\cdots$。采样间隔确实是建立时间序列时需要考虑的重要因素之一。采样间隔的大小直接影响着数据的数量和信息的损失程度。采样间隔既可以相等,也可以不等。时间序列包含了系统的全部信息,因此人们可以借以研究系统的动态结构和运行规律。但是,采样得到的离散时间序列 X_t 失去了 $X_{(t)}$ 在 $t_0+(i-1)\Delta$ 和 $t_0+i\Delta$ 之间的值,即这个区间内系统的信息在采样之后丢失了。

较小的采样间隔会导致采样值增加,从而减少信息的损失,这样可以更准确地捕捉系统的变化和趋势,提供更多的数据样本供分析使用。同时,较小的采样间隔也意味着处理时间、人力和财力的消耗会增加,因为需要处理更多的数据点。相反,较大的采样间隔会导致采样值减少,从而减少了数据的处理量和资源消耗。这在处理时间长、数据量庞大的情况下可能会带来一定的优势。同时,较大的采样间隔也会导致信息的损失增加,因为可能会错过系统变化的细节。

因此,选择合适的采样间隔是一个权衡的过程,需要根据具体情况,考虑研究系统的特性和需要。研究者需要在既不过分减少信息损失又不过分增加数据量的基础上,合理选择采样间隔。这需要综合考虑数据处理能力、资源限制、数据的特性以及研究目的等因素。合理的选择,可以在满足分析需求的前提下,尽量平衡数据量和信息损失的关系。

2.2.2 异常点的检验与处理

异常点(outlier)是指一个时间序列中,远离序列一般水平的极端大值和极端小值。因此,异常点也称为奇异值,有时也称为野值。如图 2-8 所描述的是

1949 年到 2003 年间我国的人口自然增长率（X_t）。从图 2-8 中可以直观地看出，1960 年的人口自然增长率大大低于其他年份的自然增长率。从序列来看，X_{12}（即 1960 年的观察值）远离了序列（X_t），我们称 X_{12} 为离群点。

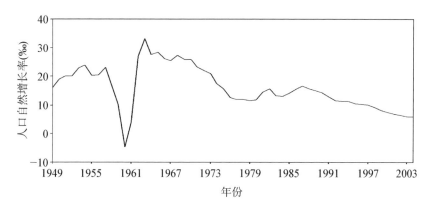

图 2-8　我国人口自然增长率数据图

离群点是指在时间序列中出现的异常值，其形成原因可能是系统受到外部干扰的结果。外部干扰包括采样误差、记录仪误差、工作人员误差等，也可能是由于所研究的现象受到偶然非正常因素的影响。离群点给时间序列分析带来了一定的困难和影响。统计分析人员通常不希望在序列中出现离群点，因为离群点会影响模型的拟合精度，甚至产生虚假的信息。离群点的存在可能干扰谱分析等分析方法，产生误导性的频率结果。然而，离群点也提供了重要的信息。它可以提示我们仔细检查采样过程中是否存在误差，并在进行时间序列分析之前对序列进行仔细确认。当确定离群点是由于系统受到突发因素刺激而引起时，它还可以提供关于系统稳定性和灵敏性等重要信息。因此，对于离群点的处理，需要在保持数据可靠性和连续性的前提下，根据具体情况选择合适的方法。我们可以对离群点进行平滑处理、剔除异常值并进行趋势分析，以保证后续分析的准确性和可靠性。

在时间序列分析领域，我们通常将形形色色的离群点归类为四种主要类型，并采取相应的处理策略。这四种类型分别是：

（1）加性离群点（additive outlier）。这种离群点是由特定时刻的干扰所引起的，只影响该干扰发生的那一个时刻 T 上的序列值，即 X_T，而不影响该时刻以后的序列值，X_{T+1}，X_{T+2}，…；这意味着加性离群点是一个瞬时的异常，其效果局限于单一时间点。

（2）更新离群点(innovational outlier)。与加性离群点不同,更新离群点的影响是持久的。不仅作用于 X_T,而且影响 T 时刻以后序列的所有观察值 X_{T+1},X_{T+2},…。这种离群点的出现通常标志着一个外部干扰开始作用于系统,并且其影响与系统的动态模型密切相关。

（3）水平移位离群点(level shift outlier)。造成这种离群点的干扰是在某一时刻 T,系统的结构发生了变化,并持续影响 T 时刻以后的所有行为,在数列上往往表现出 T 时刻前后的序列均值发生水平位移,即序列的基线发生了变化。

（4）暂时变更离群点(temporary change outlier)。这种离群点的干扰在发生时刻 T 具有一个初始效应,以后随时间根据衰减因子 δ 的大小呈指数衰减。这意味着暂时变更离群点的影响是暂时的,并且随着时间的推移逐渐减弱。

了解上述离群点类型对于分析和处理时间序列数据至关重要,因为它们可以帮助我们更准确地识别和解释数据中的异常模式,从而做出更合理的预测和决策。

有两类常见的方法用于检验和处理离群点。第一类方法是基于数据取值的检查。通过设定一个阈值或范围,如果某个时刻的数值超出了这个范围,该值就被认为是一个离群点。对于这类离群点,可以使用剔点的方法进行处理,即将其从数据集中剔除。剔点方法可以是简单的基于阈值进行剔除,也可以是使用一定的统计学方法来判断离群点存在与否。

第二类方法是基于模型分析。首先,对数据进行模型拟合,然后根据拟合模型得到的剩余序列计算特定的统计量,以识别显著的离群点及其类型。常用的统计量包括残差、标准化残差和学生化残差。通过识别离群点后,可以使用相应的模型进行修正,并重复该过程,逐步检测出各个离群点。需要注意的是,对于离群点的处理方法需要根据具体情况进行选择。对离群点的剔除可能会导致样本量的减少和数据失真,而基于模型的离群点识别和修正方法可能需要一定的专业知识和技术。

对于离群点的检验和处理,可以根据数据取值进行简单的剔点处理,也可以使用基于模型的方法进行识别和修正。我们可以根据具体情况选择适合的方法,以保证分析结果的准确性和可靠性。

一种方法是将序列值与平滑值进行比较,检测其是否显著大或显著小。这种方法是假定正常的序列值是平滑的,而离群点是突变的。我们用 $\overline{X}_t^2$ 表示先对序列 X_t 进行平滑再平方得到的数值,$\overline{X_t^2}$ 表示先对序列 X_t 取平方再作平滑而得到的数值,并用 S_t^2 表示样本方差,有 $S_t^2 = \overline{X_t^2} - \overline{X}_t^2$,$S_t$ 表示标准差,如果

$$\overline{X} - kS_t < X_{t+1} < \overline{X_t} + kS_t \qquad (2-1)$$

则认为 X_{t+1} 是正常的;否则,认为 X_{t+1} 是一个离群点。k 是统计分析研究人员根据序列和研究目的设定的一个常数,一般取 3～9 的整数,开始时不妨取 $k=6$。

如果 X_{t+1} 是一个离群点,则可用 $\hat{X}_{t+1}$ 来代替,即

$$\hat{X}_{t+1} = 2X_t - X_{t-1} \qquad (2-2)$$

这实际上是线性外推。这种方法需要事先规定连续外推的次数,以免出现无休止的外推。因为连续检测到一些离群点后,最终的外推结果可能偏得很远,以致会排除本来是正常的数据点。

另一种方法是检测序列值与其相应的曲线平滑估计值的绝对离差是否大于某一预先设定值 k。具体检测步骤如下:首先根据序列 X_t 从首项开始取 5 项移动中位数生成一个新序列 X_t',即取 X_1,X_2,X_3,X_4,X_5 的中位数作为 X_3',然后舍去 X_1,加入 X_6,取中位数得 X_4',依此类推,直到加入序列最后一个数 X_N。其次,用同样的方法根据序列 X_t',从首项开始取 3 项移动中位数构成序列 X_t''。再次,由序列 X_t'' 按照如下公式构成序列 X_t''':

$$X_t''' = \frac{1}{4}X_{t-1}'' + \frac{1}{2}X_t'' + \frac{1}{4}X_{t+1}'' \qquad (2-3)$$

最后,检测是否存在 $|X_t - X_t'''| > k$(其中 k 为预先设定值)。若有,则该点是一个离群点。

2.2.3 缺失值的处理

在采集时间序列时,有时会由于仪器故障、操作失误、观测问题等种种原因,在某些观测点上未能记录下来观测值,这种缺少的观测值称为缺失值(missing value)。这种缺损值在使用次级资料时也会出现。当序列中存在缺损值时,就破坏了系统运行的连续性,违背了时间序列"顺序的重要性"原则。严格地说,我们不能依据一个"残缺"的序列进行分析,即使强制性地进行了分析,其结果也是无意义的。然而,由于时间的不可逆性,我们又无法重新观测,因此,我们所能做的就是依据其运动轨迹或变化趋势,运用一定的方法对缺损值进行估计、推测,以补足缺损的数值。具体估算、推测的方法有很多,如增长量推算法、发展速度

推算法、比例推算法、平滑法、插值估算法等,分析人员可根据具体序列来选择。对于缺失值的处理,有以下一些常见的方法。

(1) 删除缺失值。如果缺失值的比例很小,对整体数据的影响不大,可以选择删除缺失值所在的观测点。但要注意,删除缺失值可能会导致样本量的减少,可能影响后续分析的可靠性。

(2) 插值法。插值法是一种常用的缺失值填充方法,通过已有的观测值推断出缺失值。常见的插值方法包括线性插值、多项式插值、样条插值等。插值方法的选择取决于数据的性质和特点。

(3) 平均值/中位数填充。对于数值型数据,可以使用已有观测值的均值或中位数来填充缺失值。这种方法比较简单,但可能无法精确地反映实际情况。

(4) 最近邻填充。对于时间序列数据,可以使用最近邻填充方法,即用缺失值前后的观测值或相邻观测点的值来填充缺失值。这种方法考虑了时间序列的连续性和相似性。

(5) 模型估计。对于复杂的时间序列数据,可以使用模型来估计缺失值。常见的方法包括 ARIMA 模型、神经网络模型等。模型估计方法通常需要一定的专业知识和技术。

在进行缺失值处理之前,还需要进行数据清洗和预处理,包括检查数据的指标口径、计算范围、计算方法等,以确保数据的一致性和可靠性。我们需要根据具体的数据情况和分析目的选择合适的缺失值处理方法。对于时间序列数据,由于时间的连续性和顺序性,可以考虑使用插值法或最近邻填充方法来填充缺失值,以保持时间序列的连续性和一致性。

2.3　时间关系统计测度

时间关系统计度量是一种用于衡量和描述时间序列数据之间关系的方法。这些度量可以帮助我们揭示时间序列之间的相似性、相关性、周期性等特征。以下是一些常见的时间关系统计度量。

(1) 相关性。相关性是衡量 2 个时间序列之间线性相关性强弱的度量。常用的相关性度量方法包括皮尔逊相关系数和斯皮尔曼等级相关系数。这些度量方法可以反映 2 个时间序列之间的线性关系程度,其值介于 -1 和 1 之间,符号表示相关方向,绝对值表示相关强度。

（2）自相关性和偏相关性。自相关性是衡量时间序列自身的相关性,包括自己与过去时刻的相关性以及自己与未来时刻的相关性。偏相关性则是在控制其他变量的情况下,衡量 2 个时间序列之间的相关性。自相关函数（ACF）和偏自相关函数（PACF）是用于计算自相关性和偏相关性的常用方法。

（3）相位关系。相位关系描述了 2 个时间序列之间的时间延迟或相位差。常用的相位关系度量方法包括互信息、交叉相关函数和相位相关函数等。这些方法可以帮助我们确定 2 个时间序列之间的相位延迟,揭示时间序列之间的滞后关系。

（4）周期性和季节性。周期性和季节性是一些时间序列数据常见的特征。周期性度量方法包括傅里叶变换、周期图等,可以帮助我们分析时间序列的周期性。季节性则是在特定时间段内时间序列的周期性表现,可以使用季节分解方法（如 X - 11 季节分解）来进行分析。

（5）分层分析和时间序列聚类。分层分析和时间序列聚类可以帮助我们根据时间序列之间的关系将它们分组或聚类。聚类方法可以基于相似性度量将相似的时间序列进行聚类,而分层分析则是一种逐步划分、建立层级结构的方法。

这些时间关系统计度量方法旨在帮助我们理解和分析时间序列数据之间的关系和模式。具体选用哪种方法取决于数据的特点和研究问题的需要。

2.4　时间模式分析

当我们刚接触到某一个观测序列时,会觉得它是杂乱无章、无规律可循的。其实不然,大量事实表明,一个时间序列往往是以下几类变化形式的叠加或耦合。

（1）趋势变动。它是指时间序列朝着一定的方向持续上升或下降,或停留在某一水平上的倾向。它反映了客观事物的主要变化趋势。

（2）季节变动。即指一年或更短的时间之内,由于受某种固定周期性因素的影响而呈现出有规律的周期性波动。

（3）循环变动。通常是指周期为一年以上的有规律的波动。

（4）不规则变动。它通常分为突然变动和随机变动两类。突然变动是指战争、自然灾害或是其他社会意外事件引起的变动。随机变动是指由大量的随机因素产生的宏观影响。根据中心极限定理,通常认为随机变动近似服从正态分布。

通常用 T_t 表示长期趋势项,S_t 表示季节变动趋势项,C_t 表示循环变动趋势项,R_t 表示随机干扰项。常见的确定性时间序列模型有以下几种类型:

(1) 加法模型:

$$y_t = T_t + S_t + C_t + R_t \qquad (2-4)$$

(2) 乘法模型:

$$y_t = T_t \cdot S_t \cdot C_t \cdot R_t \qquad (2-5)$$

(3) 混合模式:

$$y_t = T_t \cdot S_t + R_t \qquad (2-6)$$

$$y_t = S_t + T_t \cdot C_t \cdot R_t$$

其中,y_t 是观测目标的观测记录且假设随机干扰项 R_t 满足以下假定:$E(R_t) = 0$,$E(R_t^2) = \sigma^2$。

如果在预测时间范围以内,无突然变动且随机变动的方差 σ^2 较小,并且有理由认为过去和现在的历史演变趋势将继续发展到未来时,可用一些经验方法进行预测,具体方法如下。

2.4.1 移动平均法

设观测序列为 $y_1, \cdots, y_t$,正整数 $N < t$。一次移动平均值计算公式为:

$$M_t^{(1)} = \frac{1}{N}(y_t + y_{t-1} + \cdots y_{t-N+1})$$

$$= \frac{1}{N}(y_{t-1} + \cdots + y_{t-N}) + \frac{1}{N}(y_t - y_{t-N})$$

$$= M_{t-1}^{(1)} + \frac{1}{N}(y_t - y_{t-N}) \qquad (2-7)$$

二次移动平均值计算公式为:

$$M_t^{(2)} = \frac{1}{M}[M_t^{(1)} + \cdots + M_{t-N+1}^{(1)}]$$

$$= M_{t-1}^{(2)} + \frac{1}{N}[M_t^{(1)} - M_{t-N}^{(1)}] \qquad (2-8)$$

当预测目标的基本趋势是在某一水平上上下波动时,可用一次移动平均方法建立预测模型:

$$\hat{y}_{T+m} = M_t^{(1)} = \frac{1}{N}(\hat{y}_t + \cdots + \hat{y}_{t-N+1}),\ m = 1,\ 2,\ \cdots \qquad (2-9)$$

它以最近 N 期序列值的平均值作为未来各期的预测结果。一般 N 的取值范围为:$5 \leqslant N \leqslant 200$。当历史序列的基本趋势变化不大,且序列中随机变动成分较多时,N 的取值应较大一些;否则,N 的取值应小一些。在有确定的季节变动周期的时间序列中,移动平均的项数应取周期长度。选择最佳 N 值的一个有效方法是,比较若干模型的预测误差,均方预测误差最小者为好。

当预测目标的基本趋势与某一线性模型相吻合时,常用二次移动平均法,但当序列同时存在线性趋势与周期波动时,可用趋势移动平均法建立预测模型:

$$\hat{y}_{T+m} = a_T + b_T m,\ m = 1,\ 2,\ \cdots \qquad (2-10)$$

其中

$$a_T = 2M_T^{(1)} - M_T^{(2)}$$

$$b_T = \frac{2}{N-1}\big[M_t^{(1)} - M_T^{(2)}\big]$$

上述移动平均法在数据处理中常用于预处理,消除周期波动(取 N 为周期长度)和减弱随机干扰的影响往往是有效的。

2.4.2　指数平滑法

一次移动平均实际上认为最近 N 期数据对未来值影响程度相同,都加权 $\frac{1}{N}$;而 N 期以前的数据对未来值没有影响,加权为 0。然而,二次及更高次移动平均数的权数却不是 $\frac{1}{N}$,且次数越高,权数的结构越复杂,但永远保持对称的权数,即两端项权数小,中间项权数大,不符合一般系统的动态性。一般来说,历史数据对未来值的影响是随时间间隔的增加而递减的。因此,更切合实际的方法应是对各期观测值依时间顺序进行加权平均并将其作为预测值。指数平滑法可满足这一要求,而且具有简单的递推形式。

设观测序列 y_1，…，y_T，a 为加权系数，$0 < a < 1$，一次指数平滑公式为：

$$S_t^{(1)} = ay_t + (1-a)S_{t-1}^{(1)} = S_{t-1}^{(1)} + a[y_t - S_{t-1}^{(1)}] \qquad (2-11)$$

假定历史序列无限长，则式（2-11）可写为：

$$S_{t-1}^{(1)} = ay_t + (1-a)[ay_{t-1} + (1-a)S_{t-2}^{(1)}]$$
$$= \cdots$$
$$= a\sum_{j=0}^{\infty}(1-a)^j y_{t-j} \qquad (2-12)$$

式（2-11）表明，$S_t^{(1)}$ 是全部历史数据的加权平均，加权系数分别为 a，$a(1-a)$，$a(1-a)^2$，…，显然有

$$\sum_{j=0}^{\infty}(1-a)^j = \frac{a}{1-(1-a)} = 1$$

由于加权系数序列呈指数函数衰减，加权平均又能消除或减弱随机干扰的影响，因而式（2-11）称为指数平滑，类似地，二次指数平滑公式为：

$$s_t^{(2)} = aS_t^{(1)} + (1-a)S_{t-1}^{(2)} \qquad (2-13)$$

同理，三次指数平滑公式为：

$$s_t^{(3)} = aS_t^{(2)} + (1-a)S_{t-1}^{(3)} \qquad (2-14)$$

一般 P 次指数平滑公式为：

$$s_t^{(P)} = aS_t^{(p-1)} + (1-a)S_{t-1}^{(p)} \qquad (2-15)$$

利用指数平滑公式可以建立指数平滑预测模型。原则上说，不管序列的基本趋势多么复杂，总可以利用高次指数平滑公式建立一个逼近很好的模型，但计算量很大。因此，用得较多的是几个低阶指数平滑预测模型。

（1）水平趋势预测模型：

$$\hat{y}_{T+m} = S_T^{(1)}, \ m = 1, \ 2, \ \cdots \qquad (2-16)$$

（2）线性趋势预测模型——Brown 单系数线性平滑预测：

$$\hat{y}_{T+m} = a_T + b_T m, \ m = 1, \ 2, \ \cdots \qquad (2-17)$$

其中，$a_T = 2S_T^{(1)} - S_T^{(2)}$，$b_T = \dfrac{a}{1-a}[S_T^{(1)} - S_T^{(2)}]$。

（3）二次曲线趋势预测模型——Brown 单系数二次式平滑预测：

$$\hat{y}_{T+m} = a_T + b_T \cdot m + \frac{1}{2} C_T \cdot m^2, \quad m = 1, 2, \cdots \qquad (2-18)$$

其中

$$a_T = 3S_T^{(1)} - 3S_T^{(2)} + S_T^{(3)}$$

$$b_T = \frac{a}{2(1-a)^2} \left[(6-5a)S_T^{(1)} - 2(5-4a)S_T^{(2)} + (4-3a)S_T^{(3)} \right]$$

$$C_T = \frac{a^2}{(1-a)^2} \left[S_T^{(1)} - 2S_T^{(2)} + S_T^{(3)} \right]$$

指数平滑预测模型是以当前时刻 T 为起点，综合历史序列的信息，对未来进行预测的。选择合适的加权系数 a 是提高预测精度的关键环节。根据实践经验，a 的取值范围一般以 $0.1 \sim 0.3$ 为宜。如何进一步确定 a 的最佳取值，通常要结合理论分析和模型对比的方法来进行。由式（2-11）不难看出：

$$\hat{y}_{t+1} = S_t^{(1)} = S_{t-1}^{(1)} + a \left[y_t - S_{t-1}^{(1)} \right]$$
$$= \hat{y} + a y_t'$$

其中 $y_t' = y_t - \hat{y}_t$，它表明指数平滑预测是用预测误差对上期预测值的修正，a 的大小体现了修正的幅度。由式（2-12）可知，a 值愈大，加权系数序列衰减速度愈快，因此，a 取值的大小起着控制参加平均的历史数据的个数的作用。a 值愈大，意味着采用的数据愈少。由此，可以得到选择 a 值的一些基本准则：

（1）如果序列的基本趋势比较稳，预测偏差由随机因素造成，则 a 值应取小一些，以减少修正幅度，使预测模型能包含更多历史数据的信息。

（2）如果预测目标的基本趋势已发生系统变化，则 a 值应取得大一些。这样可以根据数据的信息对原模型进行大幅度修正，以使预测模型适应预测目标的新变化。

上述原则可结合模型对比方法来进行。通常将历史数据分成两段，第一段 $y_1, \cdots, y_k$ 用于建立预测模型，第二段 $y_{k+1}, \cdots, y_T$ 用于事后预测，以事后预测误差平方和为评价标准，确定最佳 a 值。

另外，由于指数平滑公式是递推计算公式，因而必须确定初始值 $S_0^{(1)}$，$S_0^{(2)}$，$S_0^{(3)}$。初始值实质上应该是序列起始点 $t=0$ 以前所有历史数据的加权平均值。

在实际工作中,由于获得的历史数据数量有差异,往往采用经验方法来确定。我们在最初预测时,可以选择较高的 a 值来减小由初始值选择不当所造成的预测偏差,以使预测模型迅速调整到当前水平。

例如,$a=0.5$,一般取前 3~5 个数据的算术平均值作为初始值:

$$S_0^{(1)}=S_0^{(2)}=S_0^{(3)}=\frac{1}{3}(y_1+y_2+y_3)$$

为了克服初始值选择不当,最初预测选择较大的 a 值:

$$a_1=\frac{1}{3},\ a_2=\frac{1}{4},\ a_3=\frac{1}{5},\ a_4=\frac{1}{6},\ a_5=0.15,\ a_t=0.15\ (t>5)$$

2.4.3 时间回归法

指数平滑法应用较为广泛。一般说来,当序列具有其他类型的变化形式时,指数平滑法计算量很大,此时用时间回归法更为方便。

常用来描述时间序列的趋势变动的拟合模型有以下几种:

(1) 线性方程:$y_t=a+bt$。

(2) 二次曲线:$y_t=a+bt+ct^2$。

(3) 指数曲线:$y_t=e^{a+bt}$。

(4) 修正指数曲线:$y_t=k+ab^t$。

(5) Gompertz(龚帕兹)曲线:$\ln y_t=k+ab^t(0<b<1)$。

(6) Logistic(逻辑斯谛)曲线:$y_t^{-1}=k+ab^t(0<b<1)$。

(7) 振动曲线:$y_t=f(t)+A\cos(\omega t+\varphi)$,$[f(t)$ 为多项式$]$。

在上述拟合模型中,人们常用(5)、(6)来描述其发展具有一定成长过程的变动趋势。一般产品的发展、社会对某种产品的需求都满足"成长"模型所有的规律:

$$\frac{\mathrm{d}y}{y\mathrm{d}t}=a-by\quad(a>0,\ b>0)\tag{2-19}$$

即 y 的增长率 $\dfrac{\mathrm{d}y}{y\mathrm{d}t}$ 开始按增长率 a 发展,随着 y 的逐渐升高,增长率逐渐下降。

当 $y=\dfrac{a}{b}$ 时,y 增长到极限,然后 y 逐渐下降。式(2-19)的一种特例即为

Logistic 曲线形式。因此,Gompertz 曲线、Logistic 曲线常被称为"成长"曲线预测模型。一个运动员(田径运动员)的成绩演变规律也可以用上述曲线来描述。

2.4.4 季节周期预测法

由于气候条件、社会风俗习惯等原因,许多预测对象表现出明显的季节周期波动。如蔬菜、服装、电风扇的销售量,某城市的用电量、用水量等都呈现出一定的季节性波动。有的以年度为周期,有的以季度、月、日为周期,总之这些序列容易观察到周期性。当周期性不甚明显时,可用序列的自相关函数来帮助识别。

季节周期预测与上述各种方法类似,首先建立预测模型,常用的模型有 2 种。

1) 乘法型季节模型

$$y_t = f(t) \cdot F_j \tag{2-20}$$

其中,$f(t)$ 是序列长期变动趋势项,F_j 是季节指数,它表示季节性变动幅度的大小,$j = 1, \cdots, k$;如以月度为周期,$k = 12$;以季度为周期,$k = 4$。

2) 加法型季节模型

$$y_t = A\sin(\omega t + \lambda) = b_1 \sin \omega t + b_2 \cos \omega t \tag{2-21}$$

或 $$y_t = f(t) + b_1 \sin \omega t + b_2 \cos \omega t$$

当季节周期波动呈现一种脉冲形式时,加法型季节模型便不适用了。建立季节性预测模型(2-20)可归结为根据已知周期 k 的序列 $y_1, \cdots, y_t$,分别求出 $f(t)$ 与季节性指数 $F_1, \cdots, F_k$,可以先求 $f(t)$,也可以先求出 $F_1, \cdots, F_k$。

从总体上来说,确定性时序分析方法刻画了序列的主要趋势,且直观、简单,易于计算,便于运用。但相对来说,上述刻画较为粗略,其假定对于时间函数模型来说,比较严格,很难完全适用于现实问题。

2.5 本章小结

在第 2 章中,我们深入探讨了时间数据的处理方法和时间关系的统计测度。时间作为时空数据的一个重要维度,其正确处理对于数据分析结果的准确性至关重要。本章首先介绍了时间数据的相关概念,包括时间的类型、时间序列的特点以及时间数据的预处理方法。随后,本章详细讨论了时间关系统计测度的方法,如时间间隔的计算、时间序列的相关性分析等。通过这些测度方法,研究人员能够揭示时间数据之间的内在联系和模式。此外,本章还介绍了时间模式分析的技术和方法,这些方法有助于识别和预测时间序列数据的趋势和周期性。

在本章的最后部分,我们讨论了时间数据在实际应用中的挑战,如时间序列的非线性和非平稳性问题。通过案例分析和实践指导,本章为读者提供了处理复杂时间数据的策略和技巧,为后续的时空数据分析提供了基础和方法支持。理解和掌握时间数据的特点和处理方法,对于时空数据分析具有重要意义。

思考与练习题

思考题:

    1. 时间数据的语义表达对于数据分析的影响是什么?

    2. 描述时间序列分析在经济预测中的作用及重要性。

    3. 如何理解时间关系统计测度在揭示数据内在联系中的作用?

练习题:

    1. 收集一段时间序列数据,并尝试计算其趋势、季节性和周期性。

    2. 使用统计软件进行时间序列的分解,并解释其结果。

    3. 选择一个实际问题,尝试构建并验证一个时间关系统计模型。

第 3 章

空间及其语义表达

空间及语义表达在数据库领域和信息管理中占据重要地位,特别是在涉及地理信息系统和复杂的数据集成与查询时。本章主要介绍了空间数据及语义数据的基本概念、空间数据的处理方法、空间关系统计测度以及探索性空间统计方法等内容。这些知识和技术对于地理信息系统的应用和发展具有重要意义。

3.1 空间的相关概念

空间数据指的是具有地理位置属性的数据,如点、线、面等地理实体,以及它们之间的空间关系。本节将介绍空间的概念、空间结构、空间关系及空间抽样。

3.1.1 空间的概念

空间概念常用地理空间来表征,是物质、能量和信息的存在形式在形态、结构过程和功能关系上的分布方式及格局。地理空间可以被描述为一个集合,其中包含了地球上各种地理实体、空间要素和地理现象。这个集合可以用集合理论的基本操作和符号进行描述和分析。

例如,可以将地理空间表示为一个包含不同地理对象的集合,每个地理对象可以是一个点、线或面。通过交、并、补、差等集合操作,可以进行地理空间的组合、分割和比较。具体可以用符号和条件来表达地理空间的集合,例如:

(1) 地理位置集合。可以使用坐标或地址来描述地理空间中的位置,例如 $\{(x, y)\}$ 表示二维平面上的点集合,$\{(x, y, z)\}$ 表示三维空间中的点集合。

(2) 地理要素集合。可以使用特定的属性描述地理空间中的要素,例如{建

筑物 | 建筑类型 = 住宅} 表示所有住宅建筑物的集合。

（3）空间关系集合。可以使用拓扑关系描述地理空间中的对象之间的关系，例如 $\{A \cap B \neq \varnothing\}$ 表示集合 A 和集合 B 有非空的交集，表示它们之间存在空间相交的关系。

通过这样的集合描述，可以对地理空间进行分析、查询和可视化等操作，以充分利用空间数据的信息和关系。集合理论为地理空间提供了一种形式化的数学工具，帮助我们更好地理解、描述和分析地理空间的各种特征和关系。

3.1.2　空间结构

空间结构（structure of space）是指用于存储和表示地理数据的不同形式和模型。计算机存储和处理地理数据时，常用的两种地理数据模型包括基于矢量的数据模型和基于栅格的数据模型。

（1）基于矢量的地理数据模型。矢量数据模型使用几何对象（如点、线、面）来表示地理现象或要素。它通过描述对象的位置、形状和拓扑关系来表示地理空间结构。矢量数据模型适用于描述精确的地理位置和复杂的空间关系，例如地图上的道路、建筑物、河流等。在矢量数据模型中，地理要素可以由一系列坐标点连接而成的线或多边形表示，这些坐标点用来定义几何形状和位置，并可以附加属性信息。

（2）基于栅格的地理数据模型。栅格数据模型使用规则的网格结构来表示地理数据。它将地理空间分为小正方形或长方形的像元（像素），每个像元包含一个值来表示地理属性。栅格数据模型适用于描述连续和表面状的地理现象，如高程模型、卫星影像等。在栅格数据模型中，地理现象被离散化为像元的空间分布和属性值，在网格上进行存储和分析。

这两种地理数据模型各有优势和适用范围。基于矢量的数据模型可以提供精确的地理位置和复杂的空间关系描述，适用于准确的地理分析和查询。而基于栅格的数据模型可以提供连续和表面状的地理数据表示，适用于空间分析和遥感影像处理。选择适当的地理数据模型取决于具体的应用需求和数据类型。

3.1.3　空间关系

空间关系是指地理空间对象之间的相互关系，这些关系是由对象的几何特性所引起的。在空间数据中,空间关系通常包括顺序关系、度量关系和拓扑关系。需要注意的是,这里的空间关系仅限于由几何特性引起的相互关系。

(1) 顺序关系(order relation)。顺序关系描述地理空间对象之间的空间位置的分布关系。它描述了对象之间的相对位置或次序,如对象的上下、前后、左右等关系。例如,在一条河流上,我们可以确定河流上游和下游的位置关系,或者在一条道路上,我们可以确定不同地点的位置关系。

(2) 度量关系(metric relation)。度量关系描述了地理空间对象之间的相似程度或差异程度。它通常通过度量对象之间的距离、方向、角度等几何属性来表示。例如,我们可以计算两个地点之间的直线距离或行驶距离,来度量它们之间的相似程度或差异程度。

(3) 拓扑关系(topological relation)。拓扑关系描述地理空间对象之间的邻接、关联和包含关系。它是通过空间对象的边界、邻域和相交等拓扑属性来定义的。例如,我们可以判断两个区域之间是否相邻,或者一条道路是否与一个建筑物相交。

空间拓扑关系在空间数据的组织、分析和查询等方面起着至关重要的作用。它们可以帮助我们理解地理现象之间的关系,进行空间数据的匹配和匹配查询,以及进行网络分析、缓冲区分析等空间分析操作。对于地理信息系统和空间数据库的设计和应用来说,准确处理和管理空间关系是至关重要的。

3.1.4　空间抽样

空间抽样是指在地理研究中,根据特定的抽样设计和目标,从地理空间中选择样本的过程。它是一种在空间领域中进行研究和推断的常用方法。空间抽样的目的是从整个地理空间中选择一些具有代表性的样本,以便推断出有关整个地理区域的结论。这些样本可以是地理单元(如小区、街道、县或国家等),也可以是地理实体(如建筑物、水体或植被等)。

在空间抽样中,需要考虑以下五个关键方面:

(1) 抽样框架。选择合适的总体框架是空间抽样的首要任务。抽样框架确定了研究区域的边界、地理单元或实体的定义和范围。它可以基于现有的地理数据,例如人口普查、土地利用地类图等。

37

（2）抽样方法。根据研究目标和框架,可以选择适合的抽样方法。常用的空间抽样方法包括简单随机抽样、系统抽样、分层抽样、聚类抽样等。每种方法都有其适用性和优缺点,需要根据研究目标和资源限制进行选择。

（3）样本设计。设计样本的过程考虑了抽样方法和研究目标,以选择合适数量的样本,并确定样本在空间中的位置。样本设计可能涉及随机选择样本或者在特定区域进行系统选择。

（4）数据收集。一旦样本选择完成,需要进行数据收集。在空间抽样中,收集地理数据可能涉及现场观察、遥感影像解译、地理信息系统数据提取等方法。

（5）推断和分析。收集到的样本数据可以用来进行统计推断和空间分析。通过样本数据,我们可以推断整个地理区域的特征和关系,分析地理现象的空间分布和空间相互作用。

抽样方法在空间研究中应用广泛,目的是能够选择具有代表性的样本,以推断并分析整个地理区域的特征和关系。常见的五种空间抽样方法如下:

（1）随机点抽样。在随机点抽样中,母体中的每个点被选中的概率相同,且各点之间相互独立,没有影响。这种方法可能导致样本点分布的不均衡。

（2）系统点抽样。系统点抽样是持续有序地处理母体中的所有点。通过选择开始点和抽样间隔,可以确定系统抽样的格局。开始点是随机选择的,其他点根据间隔来确定。现有研究发现在土地利用问题的抽样研究中,系统点抽样相对高效。

（3）成层点抽样。成层点抽样是将母体(研究区域)分成几个层次,然后在每个层次内抽取样本。各层内的抽样点数可以与所在层的区域面积成比例,也可以不成比例。具体的抽样方案需要基于具体情况进行分析和确定。

（4）聚丛中的随机点抽样。在这种抽样方法中,将母体划分为相互独立的子区(聚丛),然后随机选择适当数量的聚丛进行详细分析,并在所选聚丛中随机选择样本点。

（5）混合抽样。为了提高样本预测的准确性,常常采用混合抽样方法。混合抽样方法结合了不同的抽样策略,例如在一个研究中同时使用随机点抽样和系统点抽样。

如图 3-1 所示,A 为分层系统抽样,B 为不按比例的分层系统抽样,C 为聚集系统抽样,D 为不按比例的分层聚集抽样。

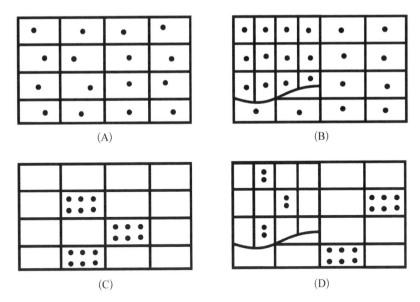

图 3-1 四种典型的混合抽样

3.2 空间数据的处理

在经典统计学中,变量通常是指数学意义上的随机变量,也被称为纯随机变量。它表示在一个随机事件中随着实验结果的不同而变化的量,并且其取值按照某种概率分布进行变化。然而,在空间统计学中,变量的性质稍有不同。空间统计学研究的是区域化随机变量,其取值根据它在一个特定空间域内的位置而变化。换句话说,区域化随机变量是纯随机变量在空间域内确定位置上的特定取值,它是随机变量与位置之间的关系所产生的随机函数。

总的来说,经典统计学研究的变量是一种纯随机变量,其取值按照某种概率分布变化;而空间统计学中的变量是区域化随机变量,其取值是在一个特定的空间域内根据位置而变化。空间统计学关注随机变量和位置之间的关系,以揭示空间中的模式和变异。

3.2.1 空间数据的类型

空间数据类型大体分为定量数据和定性数据两类。

1）定量数据

定量数据包括间隔尺度（interval scale）数据和比例尺度（ratio scale）数据。

（1）间隔尺度数据。这些数据没有固定的原点，但数值具有数学意义，可以进行逻辑和算术运算。例如，温度和时空坐标。

（2）比例尺度数据。这些数据具有固定的原点和等距间隔，数值大小与测量单位相关，可以进行逻辑和算术运算。例如，降雨量和海拔高度。

2）定性数据

定性数据包括顺序尺度（ordinal scale）数据、名义尺度（nominal scale）数据和二元数据。

（1）顺序尺度数据。这些数据表示排列顺序而不是精确的数值大小，只能进行逻辑运算而不能进行算术运算。例如，经济发展速度的级别。

（2）名义尺度数据。这些数据仅用于标识对象的名称或特定现象，只能进行等于或不等于的逻辑运算。例如，地名和土地类型。

（3）二元数据。这些数据仅用 0 和 1 表示特定的属性或属性的缺失，可以将定性和定量数据联系起来进行分析，但在数值上并没有具体的意义。例如，在二进制编码中使用 0 和 1 来表示某个特征的存在或缺失。

3.2.2　空间数据标度的处理

除了标度分类外，标度的转换、可视化和多维标度处理也是标度研究中的重要方面。

（1）标度的转换。即指定性标度和定量标度之间的转换。从定量标度到定性标度通常更容易转换，而从定性标度到定量标度的转换更困难，而且有时是没有意义的。

（2）标度的可视化。有许多方法可以以图形方式可视化空间数据的不同标度，比如使用柱状图、散点图、等值线图等。

（3）多维标度处理。处理多个标度之间的关系和相互作用，例如使用主成分分析等方法将多个变量降维并进行分析。多维标度的统一包括以下两个方面：

第一，无量纲化处理。由于不同指标可能使用不同的量纲（例如长度、重量、时间等），为了消除不同量纲对结果的影响，需要对指标进行无量纲化处理。常用的方法包括：一是极差标准化（range standardization）。即将数据减去最小值，然后除以最大值与最小值的差，将数据缩放到 0 到 1 的范围内。二是标准差标准化

（standard deviation standardization）。即首先计算数据的均值和标准差，然后将数据减去均值，再除以标准差，使数据符合标准正态分布。三是正态化（normalization）。即对数据进行线性或非线性变换，使其符合正态分布。

第二，降维处理。在多维标度中，如果指标的数量较多，可能会导致数据复杂性增加，难以直观理解和比较。为了简化数据分析，可以使用降维方法将多个指标合成为少数几个综合指标。常用的降维方法主要有主成分分析法（Principal Component Analysis，PCA），即通过找到指标之间的线性组合，将原始指标转换为少数几个线性无关的主成分。主成分可以解释原始数据中大部分的方差，从而帮助解释数据的内在结构。

无量纲化处理和降维处理可以使多维数据简化为较少的综合指标，并消除不同量纲带来的影响，这样可以更方便地比较和分析复杂的地理系统以及研究问题。

3.2.3　方向性数据的分析

空间方向性数据是指在空间中具有方向性特征的数据。与一维的方向性数据不同，空间方向性数据涉及多个维度或者多个空间点之间的相对方向。这些数据常常与地理位置相关，例如风向、水流方向、地质构造方向等。方向性数据实质上没有大小的序，只是指示了某个方向。这确实给数据处理带来了一些困难，特别是在定义集中性指标（如均值）和离散性指标（如方差）时。在方向性数据中，传统的均值和方差的定义无法直接适用。就均值而言，简单地将方向视为直线上的有序数值，进行求平均是不合适的。就方差而言，使用通常的差异平方的计算方式也无法准确衡量方向性数据的离散程度。

针对方向性数据的处理，可以采用向量的方法来表示和度量。例如，使用单位向量来表示每个方向，并通过对这些单位向量的加权平均来计算平均方向。这样可以将平均方向表示为向量之和除以向量个数的平均值。同样，可以使用平均向量的长度来表示方向的分散性，即通过计算向量的模来衡量方向数据的变异程度。

这种向量表示和向量求平均的方法在某些情况下是行得通的，但在其他情况下可能并不适用。具体的方法选择和计算方式需要根据具体问题和数据类型进行合理选择和验证。

总的来说，方向性数据的处理确实与传统的有序数据存在区别，需要采用适当的方法和度量方式。使用向量表示和向量计算方法是一种常见的处理思路，可以用于表示平均方向和度量方向的分散性。在处理空间方向性数据时，通常会涉及以下五个方面的内容：

（1）方位角度量。方位角用于表示空间方向的角度信息。常见的表示方法有度数制（0°～360°）和弧度制（0～2π）。方位角度量可以用于标识和度量空间中不同方向的差异。

（2）空间方向分析。它主要是探索和揭示空间数据中存在的方向模式和特征。它可以帮助我们理解和解释空间数据的空间结构和动态过程。常见的方法包括空间自相关分析、方向直方图、指数变差函数等。

（3）距离计算。在空间方向性数据分析中，距离计算通常和方向信息相结合，用以衡量空间点之间的方向距离。常用的距离计算方法有欧式距离、曼哈顿距离等。此外，还可以使用基于方向的距离度量，如方向角之差等。

（4）空间插值和预测。与一维方向性数据类似，空间方向性数据也可以利用插值方法对未观测点进行预测。克里金插值和反距离权重插值等方法可以帮助填补缺失的方向性数据，并生成连续的空间方向预测。

（5）空间统计模型。空间方向性数据的空间依赖性和方向关联性可以用空间统计模型来建模和解释。空间回归模型、地理加权回归模型等可以考虑方向性数据的特点，揭示其与其他空间因素和变量的关系。

设有 n 个单位向量 (x_i, y_i)，$i=1, \cdots, n$，$x_i = \cos \theta_i$，$y_i = \sin \theta_i$，$i=1, \cdots, n$，$\theta_1, \cdots, \theta_n$ 表示 n 个方向的角度。于是这些向量的和是一个向量，记为 (x, y)。则

$$x = \sum_{i=1}^{n} x_i = \sum_{i=1}^{n} \cos \theta_i$$

$$y = \sum_{i=1}^{n} y_i = \sum_{i=1}^{n} \sin \theta_i$$

于是，$\theta_1, \cdots, \theta_n$ 的"平均"方向相应的角度值记为 $\bar{\theta}$

$$\bar{\theta} = \operatorname{arctg} \frac{\sum_{i=1}^{n} \sin \theta_i}{\sum_{i=1}^{n} \cos \theta_i} = \operatorname{arctg} \frac{y}{x}$$

$$R^2 = x^2 + y^2 = \left(\sum_{i=1}^{n} x_i \right)^2 + \left(\sum_{i=1}^{n} y_i \right)^2 \tag{3-1}$$

R^2 就是 (x, y) 的长度的平方。容易看出 $0 \leqslant R^2 \leqslant n^2$，令

$$\bar{R} = \frac{1}{n} R, \ 0 \leqslant \bar{R} \leqslant 1$$

它的大小就描述了分散性。若 $\theta_1 = \cdots = \theta_n = \theta_0$，则

$$R^2 = (n x_1)^2 + (n y_1)^2 = n^2 (x_1^2 + y_1^2) = n^2$$

$$\bar{R} = 1$$

若 $\theta_k = 360° \times k/n$，$k = 1, \cdots, n$，即在圆周上均匀分布，这时分散性最大，相应的 R 为 0。因此 Mardia(1972) 定义 $\theta_1, \cdots, \theta_n$ 相应的"方差"为

$$\mathrm{VAR} = 1 - \bar{R} \tag{3-2}$$

其对于数据分布具有多峰的形态是不合适的。方向性数据也可以用图形来描述并进行处理。方向性数据是可以描述的，它也可以有属于自己的分布。用 $360°$ 来表示角度的度量时，均匀分布就是密度：$f_U = 1/360$，$0 \leqslant \theta \leqslant 360$，U (uniform) 表示均匀分布。相当于正态分布的密度就是封·米赛斯(Von Mises)分布，它的密度是 $f_{\mathrm{VM}}(\theta) = C_{\mathrm{VM}} \exp\{K \cos(\theta - \mu)\}$，$0 \leqslant \theta \leqslant 360$，其中 $C_{\mathrm{VM}} = \frac{1}{360} I_0(K)$。上式的函数 $I_0(K)$ 是修正的第一类 0 阶贝塞尔函数的值，K 与 μ 是分布的 2 个参数。μ 相当于中心(与正态的均值 μ 相仿)；K 用于描述分布在 μ 附近集中的程度。当 $K = 0$ 时，上式中 $\exp\{K \cos(\theta - \mu)\} = \exp(0) = 1$，$I_0(0) = 1$，此时就变为均匀分布。当 $K \to \infty$ 时，在 μ 附近的概率就迅速增加，此时分布密度的形状很接近正态。Upton(1974) 证明了，当 θ 服从 $f_{\mathrm{VM}}(\theta)$ 分布时，只要 $K \geqslant 3$，则令 $z = K^{1/2} \left\{ \left(1 - \frac{1}{8K} \right) (\theta - \mu) - 1/24(1 + 1/4K)(\theta - \mu)^3 \right\}$，$z$ 就可以认为是服从 $N(0, 1)$ 的随机变量。上式等号右端的第二项，当 K 稍大一些就可以忽略，因此 $z = K^{1/2} \left(1 - \frac{1}{8K} \right)$ 或 $z = K^{1/2} (\theta - \mu)$ 都可以认为是近似 $N(0, 1)$ 分布的。

方向性数据分析中发展了一系列检验的方法，一部分是关于均匀分布的，一部分是关于封·米赛斯分布的。接下来引进另一个重要的概念——相关性。

给定了 2 个角度 (θ, φ) 的 n 对观测值：$(\theta_1, \varphi_1), \cdots, (\theta_n, \varphi_n)$，Fisher 和 Lee(1983) 建议采用统计量 C 度量它们之间的相关性：

$$C = \frac{\sum_{i,j=1}^{n} \sin(\theta_i - \theta_j)\sin(\varphi_i - \varphi_j)}{\left\{\sum_{i,j=1}^{n}\left[\sin(\theta_i - \theta_j)\right]^2 \sum_{i,j=1}^{n}\left[\sin(\varphi_i - \varphi_j)\right]^2\right\}^{\frac{1}{2}}}$$

可用刀切法,去掉第 i 组资料 (θ_i, φ_i),对剩下 $n-1$ 组算出上式的 C,记为 C_{-i},于是有 n 个 $C_{-1}, \cdots, C_{-n}$,令

$$\bar{C} = \frac{1}{n}\sum_{i=1}^{n} C_{(-i)}$$

$$S^2 = \frac{1}{n-1}\sum_{i=1}^{n}\left[C_{(-i)} - \bar{C}\right]^2$$

则 C 的 95% 置信区间的端点由

$$C^v = nC_{-(n-1)}\bar{C} + \frac{1.96}{\sqrt{n}}$$

$$C_v = nC_{-(n-1)}\bar{C} - \frac{1.96}{\sqrt{n}} \tag{3-3}$$

确定 (C_v, C^v) 就是置信区间。

此外,还有一种相关是序列的自相关性。例如,记录每天的风向或地磁每年的方向得到一系列的角度观测值 $\theta_1, \cdots, \theta_n$,它们是按时间先后顺序排列的,它们之间是否有自相关的特性? Watson 和 Betan(1967)提出用统计量 W 来度量:

$$W = \sum_{i=2}^{n} \cos(\theta_i - \theta_{i-1}) \tag{3-4}$$

它们的期望与方差均已求得,可以用正态近似,H_0 假定它们的各种顺序都是具有同样机会的。

三维空间的方向性数据就是球面上的点,向量的方向和长度与二维是一样的,因此 $\bar{\theta}, \bar{R}$ 的概念依然可以用,但是分布密度不同。球面上的点由经纬度确定,θ 表示纬度,φ 表示经度,则 $0 \leqslant \theta \leqslant 180$,$0 \leqslant \varphi \leqslant 360$,此时,相应于封·米赛斯分布的是 L-F 分布[Langevin(1905)—Fisher(1953)],分布密度为:

$$f(\theta, \varphi) = C(\sin\theta)\exp\{K[\cos\theta_0\cos\theta + \sin\theta_0\sin\theta\cos(\varphi - \varphi_0)]\}$$

其中,C 是一个常数,使 $f(\theta, \varphi)$ 在 (θ, φ) 中的变化范围上积分值为 1。类似地,当 K 很大时,(θ, φ) 的分布可以用正态近似。(θ_0, φ_0) 是分布的中心,当 K 很大时,

(θ, φ) 密集分布在 (θ_0, φ_0) 附近;当 $K = 0$ 时,上式就退化为球面上的均匀分布。

$$f(\theta, \varphi) = [1/(4\pi)]\sin\theta,\ 0 \leqslant \theta \leqslant 180,\ 0 \leqslant \varphi \leqslant 360。$$ 注意该式与平面的 $f_U(\theta)$ 是不同的。总之,点模式分析方法曾一度引起了许多地理学家的极大兴趣,因为它可以为点间隔测度和信息扩散提供有效的分析方法。此外,该方法也可以很好地解释据随机过程产生的点模式。但是,点模式分析方法在应用过程当中往往会遇到一些技术上的困难:样方法允许测试相当复杂的随机过程,然而在推断过程中,由于其数据完全建立在频率数据基础之上,因而使推断无法顺利进行面方法分析,模型相当真实地反映了点模式的结构特性。但是,到目前为止,它也仅仅用在随机分布的检测中。

3.3 空间关系统计测度

空间关系包括空间的集中趋势和离散趋势。空间中心趋势即通常所说的数据集中性。在非空间统计分析中,度量中心趋势的指标有平均数(average)、中位数(mean)和众数(mode)。平均数反映了样本和其对应的母体数值的平均水平或一个数列数值的集中趋势,通常包括算术平均数和几何平均数。在非空间统计分析中,常用的指标有平均数(average)和中位数(mean)、标准差(standard deviation)和变异系数(coefficient)。其中,平均数和中位数是对数据集中性的描述,标准差和变差系数是对数据分布的离散性或分散性的描述。而在空间统计分析中,地理工作者往往要处理大量与位置直接相关的数据,因此对这些数据集中性和离散性的测度指标相应的称为平均中心或欧几里得中心、标准距离和相对距离。非空间统计描述和空间统计描述的对应关系如表 3-1 所示。

表 3-1 非空间统计描述和空间统计描述的对应关系

项　目	指　标		
	中心趋势	绝对离散度	相对离散度
非空间统计描述	平均数	标准差	变异系数
空间统计描述	平均中心	标准距离	相对距离

空间统计描述的几个指标通常用在对点模式的总体分析中和某些现象的空间变化程度的描述中。

3.3.1　空间集中趋势的统计测度

3.3.1.1　点模式

如果样本数据是一系列描述地理对象位置的坐标值,那么这些数据的平均数的几何意义即为坐标点的平均位置或平均中心:

$$X_n = \sum X_i/n, \quad Y_n = \left(\sum Y_i\right) / n$$

其中,X_n 为横坐标的平均值,Y_n 为纵坐标的平均值,(X_i, Y_i) 为各点坐标,n 为点的个数,$i=1, 2, 3, \cdots, n$。

若赋予每个点一定的权重,则平均位置为权重平均位置:

$$X_{W_n} = \left(\sum f_i x_i\right) / f_i$$

$$Y_{W_n} = \left(\sum f_i y_i\right) / f_i \tag{3-5}$$

平均中心和权重平均中心均受到极端点坐标或非典型位置点坐标的影响。因此,所求出来的值仅代表一个平均位置,并不一定具有实际意义。这正是该法的不足之处,其优点是计算方法简单,通常用在低级的统计分析中。

中位中心主要用在点模式的分析中,在点状分布的分析空间中作两条相互垂直的直线,每条直线将其左右两边的点二等分,这两条垂线的交点即是中位中心。中位中心总是偏于点密集的一侧。与平均中心相比,中位中心能与多数点取得较好联系且受极端点影响较小。但由于中位中心是通过定性分析而得,往往并不十分精确。

欧几里得中心又叫最优中心。在空间统计学中,欧几里得中心是一种常用的集中趋势测度,用于描述数据在空间中的平均位置或集中趋势。欧几里得中心也被称为平均中心或质心。在公共设施定位中,欧几里得中心作为一种空间测度,可以帮助解决经济地理学中的定位问题,提供最佳位置选择的依据,以降低运输成本、提高经济效益和满足社会需求。

欧几里得中心通过计算数据点在空间中的几何平均位置来确定数据的集中趋势。它是所有数据点的坐标值的算术平均值,即将每个维度的坐标值相加后除以数据点个数,得到一个代表数据在空间中集中位置的坐标。

例如,对于二维数据集,欧几里得中心的计算公式为:

$$欧几里得中心 = (\Sigma x/n, \Sigma y/n) \tag{3-6}$$

其中,Σx 和 Σy 分别代表所有数据点的 x 坐标和 y 坐标之和,n 代表数据点的总数。欧几里得中心可以帮助地理工作者了解数据的整体分布趋势。如果数据点更接近欧几里得中心,则说明数据集更加集中;反之,则说明数据集更为分散。需要注意的是,欧几里得中心是一种对数据集中趋势的测度,与其他测度(如标准距离、相对距离)一起使用可以提供关于数据在空间中分布特征的更全面信息。

3.3.1.2　面模式

对面模式来说,其集中趋势主要体现在分布中心上。分布中心的计算遵循以下思路:先将面 A 分为若干子面 $A_i(i=1, 2, 3, \cdots, n)$,且 $A_i \bigcap A_j = \odot (i \neq j)$,若有必要,$A_i$ 可以继续下分为若干次子面,先计算最低级子面的分布中心,然后以子面内的统计量占上一级同一统计量(通常为地域面积、人口数、经济产值等之比)为权重进行逐级归并,最后求得整个面 A 的分布中心。具体计算方法可见如下算术表达式:设 (x_i, y_i) 为子面 A_i 对应的中心,w_i 为子面 i 某统计量(例如面积、人口数或经济产值)与整个区域 A 内同一统计量之比的权重,(x, y) 为面上的分布中心,则分布中心的坐标 (x, y) 可以通过以下算术公式计算:

$$x = \Sigma(x_i * w_i)/\Sigma w_i$$
$$y = \Sigma(y_i * w_i)/\Sigma w_i \tag{3-7}$$

这个公式实际上是对欧几里得中心的一个拓展和应用,但它将每个子面的重要性或权重因素考虑在内,以更准确地计算出整个面 A 的分布中心。在重新分配或规划资源、解决公共设施定位问题等方面,面上分布中心的计算发挥着重要作用。通过这种方式,我们可以更准确地理解和分析地理空间数据,以更有效地进行决策。

若统计量为社会经济指标,则子面的分布中心通常采用该子面内首位度最高的城市的位置为分布中心,然后进行逐级归并。在统计量均匀分布的情况下,往往以几何中心作为分布中心。几何中心与分布中心的关联度较大,在实际应用中,在多数情况下均把几何中心当作分布中心,当面为规则图形时,几何中心的解法如下：

第一，当图形各边均为直线段时，将其分割为若干平均相邻但互不交叉的三角形，求各三角形的重心，即为几何中心，然后以各三角形占总图形的几何面积之比为权重进行逐级归并，进而求得总图形的几何中心。

第二，当图形的部分边或所有边为连续可微的曲线时，首先，先将曲线的首尾端点进行连接，那么曲线首尾端点相连形成的线段与原图形中为直线段的边界重新组合共同构成一新的不规则多边形，如图3-2所示，然后按照第一种情况下分割多边形的方法将其分割，并分别求出各三角形的重心。其次，对曲线部分进行坐标变换，变为如图3-3所示的形式。其中，曲线首尾相连形成的线段与 x 轴平行。由高等数学知识可知，曲线与端点连线所形成的区域几何中心为：

$$x = \frac{1}{A} \int_m^n x \mid f(x) - y_0 \mid \mathrm{d}x$$

$$y = \frac{1}{A} \int_m^n [f(x) + y_0] \mid f(x) - y_0 \mid \mathrm{d}x$$

$$A = \int_m^n f(x) \mathrm{d}x \tag{3-8}$$

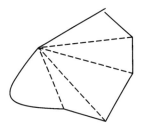

图3-2 带有曲线边界的不规则图形

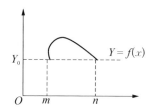

图3-3 不规则曲线的面积

最后，将所求得的新坐标系下的几何中心坐标 (x, y) 进行逆坐标变换，转换为原坐标系下的坐标，并与步骤一中所求得的各几何中心一起进行逐级归并，进而求得整个图形的几何中心。

3.3.2 空间离散性的统计测度

在离散程度的非空间测度中，常用离差、标准差、方差和变差系数等指标来描述地理数据对于中心位置的离散程度；而在离散性的空间测度中，常用标准距离和相对距离来度量其离散程度。这两个概念分别相当于非空间测度中的标准差和变差系数。离散性的测度通常用在点模式的分析中。

3.3.2.1　标准距离

标准距离用以表征点模式中各点相对于平均位置的绝对离散程度。其算术表达式为：

$$S_D = \sqrt{\frac{\sum (x_i - x_a)^2 + \sum (y_i - y_a)^2}{n}} \qquad (3-9)$$

S_D 为标准距离，(x_i, y_i) 为点模式中各点坐标，(x_n, y_n) 为平均位置的坐标，n 为点的个数。

或者简化为如下形式：

$$S_D = \sqrt{\left(\frac{\sum x_i^2}{n} - x_a^2\right) + \left(\frac{\sum y_i^2}{n} - y_a^2\right)}$$

由以上表达式可以看出，标准距离同样也受极端位置点的影响，且影响较大，若将各点赋予一定的权重，或者说当平均中心为权重平均中心时，标准距离定义为权重标准距离（S_{W_D}）。其计算公式为：

$$S_{W_D} = \sqrt{\frac{\sum f_i (x_i - x_a)^2 + \sum f_i (y_i - y_a)^2}{n}} \qquad (3-10)$$

或者简化为：

$$S_{W_D} = \sqrt{\left(\frac{\sum f_i x_i^2}{\sum f_i} - x_a^2\right) + \left(\frac{\sum f_i y_i^2}{\sum f_i} - y_a^2\right)}$$

3.3.2.2　相对距离

相对距离相当于非空间统计分析中的变差系数 C_v，变差系数为同一组数据的标准差（S）与其平均值（X_n）的商，即 $C_v = S/X_n$。然而，相对距离（R_D）却不能用标准距离除以平均位置来解。这主要是因为对同一点模式而言，在不同的坐标系下，其平均位置的坐标不同，而标准距离却相同，基于此计算出的相对距离显然毫无意义。

实际上，相对距离同样会受到极端位置点的影响。同时，它还和研究区域的面积有很大关系。其计算公式如下：

$$R_D = S_D / r_A$$

S_D 为同一模式下的标准距离，r_A 为与研究区域面积等同的圆的半径。相对距离用来衡量地理要素在空间变化（离散）的程度。对不同的模式而言，绝对变化程度相同的地理要素，其相对变化程度一定不同。如图 3-4 所示，研究区域 A，B，C 的绝对距离相同，相对距离递减。同样，相对变化程度相同的不同研究区域，其绝对变化程度也不同，如图 3-5 所示，A，B 相对离散程度相同，而 A 的绝对离散程度要比 B 的大。

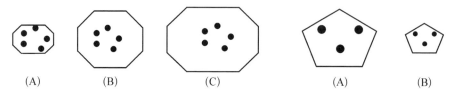

(A)   (B)   (C)   (A)   (B)

图 3-4　绝对距离同相对距离不同　　　　图 3-5　相对距离同绝对距离不同

当研究区域的边界不规则或存在狭长形状时，用面积相同的圆代替研究区域可能无法准确地反映原始区域的特征。这是因为圆的形状是固定的，无法完全适应非规则或狭长形状的区域。这导致了相对距离的计算结果可能受到边界长度的影响。

因此，在使用相对距离作为离散性空间测度时，需要在选择研究区域时谨慎考虑边界位置和形状。合理选择研究区域的边界可以更准确地捕捉到数据的离散程度。同时，我们也要认识到，相对距离作为一种测度指标，它也有局限性和适用范围。在具体应用中，我们需要根据研究目的和数据特点来选择合适的指标和方法。

在比较几个国家的人口离散程度时，绝对距离和相对距离可能会呈现有趣的现象。这是因为不同国家的人口分布具有独特的特点，包括人口集中程度、人口密度、城市化水平等因素。当使用绝对距离进行比较时，会关注人口分布的绝对差异，即各地区之间的实际距离，这可以帮助我们理解不同地区的人口集中程度和分散程度。而相对距离则更注重人口分布的相对差异，即各地区之间相对于平均位置和周围点的离散程度。这可以帮助我们分析人口分布的空间结构特征和人口变化的空间格局。

（1）中国和蒙古。中国是世界上人口较多的国家,而蒙古则是人口较少的国家。通过绝对距离的比较,中国的人口分布可能呈现出较大的差异,因为人口集中在东部沿海地区和一些主要城市,而其他地区人口相对较少。然而,通过相对距离的比较,蒙古可能显示出较大的离散程度,因为其人口分布较为稀疏,相对于周围地区较为分散。

（2）印度和孟加拉国。印度和孟加拉国都是南亚地区的国家,但印度的人口规模要大得多。通过绝对距离的比较,印度可能展示出人口分布差异较大的情况,特别是在一些拥挤的城市地区。而相对距离的比较可能显示出孟加拉国的人口分布更加离散,因为该国的面积相对较小,人口相对密集。

（3）巴西和加拿大。巴西和加拿大都是拥有大片土地的国家,但巴西的人口规模远远超过加拿大。通过绝对距离的比较,巴西可能呈现出较大的人口分布差异,特别是在一些大城市和沿海地区。相对距离的比较可能显示出加拿大的人口分布较为离散,因为该国的人口相对较少且分布在广阔而相对稀疏的地域。

这些例子仅用于说明绝对距离和相对距离在不同国家的人口离散程度比较中可能产生的有趣现象。实际上,每个国家的人口分布都有其独特的特点和影响因素。因此,在具体分析时,还需要考虑各国的历史、文化、经济和地理等因素,以获得更全面和准确的结论。这些有趣的现象提醒我们,在比较人口离散程度时,既要关注实际的绝对差异,也要注意相对差异和空间结构特征。这可以帮助我们更好地理解不同国家的人口分布模式和空间发展格局。

3.3.3　关于空间关系统计测度的总结

空间集中趋势和离散程度确实只是对复杂空间模式的概括性描述和解释,可能无法完全准确地反映实际情况。这是因为实际空间模式往往非常复杂,受到多种因素的限制和影响。

在计算平均中心和标准距离时,确实可能存在一些特殊情况或者"非正常"的点,会对测量结果产生影响,甚至使结果失去实际意义。这是需要在分析中特别注意的问题。此外,对距离的计算一般使用直线距离或欧几里得距离,在某些特殊情况下可能不是最合适的方式。特别是在存在特定约束或局限性的情况下,例如网格状或直线街区的限制,直线距离可能无法准确地反映实际的距离或交通成本。在这种情况下,可以使用其他类型的距离度量或者考虑特定的约束条件。

总之,在统计描述和测量空间集中趋势和离散程度时,确实需要考虑复杂性、特殊情况和实际约束。统计描述只是一种粗略的测量方式,不能完全捕捉到所有细节和复杂性。因此,在具体应用中,需要结合具体问题和研究目标,选择适合的测量指标和方法。

下面这个公式概括了几种常用距离的计算方法:

$$d_{ij} = \left[(X_i - X_j)^k + (Y_i - Y_j)^k \right]^{\frac{1}{k}} \qquad (3-11)$$

该公式概括了欧几里得距离和几种常用的非欧几里得距离。当 $K=2$ 时,d_{ij} 就是常用的欧几里得距离;当 $K=1$ 时,d_{ij} 就是曼哈顿距离。在所有以上述距离为测量方式的点模式中,其平均中心的确定应该遵循这样的原则:其他所有点到平均中心的距离之和最小。

图 3-6 直观地显示出几种不同情况下的 K 的取值:图 3-6(A)中,从 M 点到 N 点是通过走直线完成的,因此,采用欧几里得距离,$K=2$;图 3-6(B)中,两点之间是通过像格网状的路线来完成的,这就是典型的曼哈顿距离,$K=1$;图 3-6(C)中,M、N 两点之间的距离介于曼哈顿距离和欧几里得距离之间,故其值介于 1 和 2 之间,通常取 $K=1.5$(经验值);图 3-6(D)中,从 M 到 N 需绕过一个湖,即走迂回路线,K 值应小于 1,通常取 $K=0.6$。在图 3-6(C)和图 3-6(D)的情况下,K 值并不唯一,也很难确定,通常是根据一定的经验来取值。

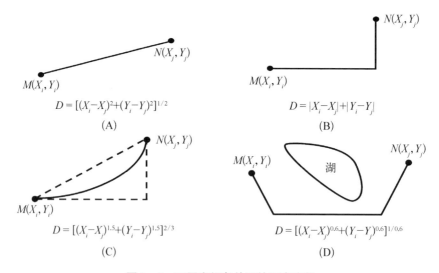

图 3-6　不同空间条件下的距离度量

3.4　空间模式分析

地理系统是个复杂的巨系统。地理要素的多样性、结构的繁杂性、变化的不确定性和联系的广泛性等使得地理研究变得异常困难。因此,我们需要将各种复杂的自然、人文现象或过程抽象为各种空间模式,通过对空间模式的研究描述、解释,预测实际的地理空间变化。空间模式是对研究区域中某一个或多个变量分布的描述。它可以通过视觉表现为不同类型的模式,如点模式、线模式、面模式和体模式。通过研究这些空间模式,我们可以更好地理解地理空间,并用于描述、解释和预测地理现象的分布规律和变化趋势。

点模式描述了点状要素的分布,如居民点、商业设施等。线模式描述了线状要素的分布,如河流、铁路线等。面模式描述了面状要素的分布,如湖泊、森林等。体模式描述了体积型要素的分布,如海洋、矿体等。这些模式通常以离散的方式表示,用于描述要素在空间上的分布特征。

此外,还存在变量模式,它描述了在不同位置或地理单元中某个变量的连续分布,如温度、降水、地形高度等。变量模式可以根据测量标度的不同,分为名称、顺序、区间和比率四个子类。这些子类用于定义变量之间的关系和差异,从而更好地理解变量分布的意义。

3.4.1　空间点模式分析

在分析空间模式时,通常将存在的模式和某一特定理论上的模式做比较。如图 3-7 所示,根据几何表现形态,空间模式总的来说可分为三大类: 集聚、均匀和随机分布。在图 3-7(A)中,点和面均呈集聚分布。点的密度在整个研究区中并不一致,左上部分的点密度大,往右下方密度逐渐变小。这些点可表示第三产业(如零售业)的选址。服务行业的选址通常在交通通达性好、潜在收益较高的地方,如市内大路的交叉处等。

图 3-7(A)中面模式的阴影子区可代表政治选区,如美国支持民主党的选民所在区域,非阴影区则代表支持共和党的选民所在区域。

图 3-7(B)中点、面看起来近似均衡分布在整个区域内,说明一个系统的空间过程产生了这样一种位置模式。例如,经典中心地理论假设零售业、

服务业等均匀分布在地理空间中,以便更好地服务于均匀分布的居民点。图 3-7(B)中的面模式展现了一个规则的或交替分布的空间布局。这种模式可以表征同一地区各个县的人口分布状况,假设符合中心地理论的假设,则阴影区代表高于平均人口的县,非阴影区代表低于平均人口的县。图 3-7(C)中点、面均呈随机分布特点,无明显的集聚或均匀分布趋势,这种随机分布状况从逻辑上表明某种空间随机(泊松)过程产生了这种随机分布模式。

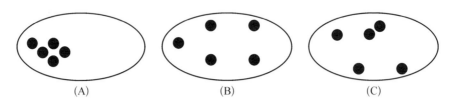

图 3-7　点模式的三种分布类型
(A) 集聚;(B) 均匀;(C) 随机

3.4.1.1　单点模式分析

众多地理现象可以通过抽象为点模式来进行分析,进而通过点图的形式来揭示其内在的空间分布特征。例如,在经济地理学中,我们可以将居民点或零售商店的位置作为点在地图上进行绘制;在自然地理学中,我们可以将由冰河堆积形成的椭圆形冰丘视为一系列的点来抽象表示冰川。点模式的研究不仅能够帮助我们揭示导致特定地理结果的潜在过程,而且通过分析不同时期同一地理变量的点模式序列,我们还能够洞察事物随时间推移的动态变化。

总而言之,点模式分析为人们提供了一种定量分析区域上点位置空间布局的方法,使我们能够更深入地理解地理现象的空间分布及其随时间的演变。通过这种方法,我们可以从点的分布中提取有价值的信息,为地理研究和实际应用提供有力的支持。

1) 最近邻分析

最近邻分析是一种常用的点模式分析方法。Clark(1954)最早提出研究点模式的最近距离统计量,后由 Dacey(1960)引入地理学中,其思想是将点模式邻近点之间的距离和某种理论模式中邻近点之间的距离进行比较,进而推出研究区域点模式的特征。

（1）方法介绍。

方法一：平均最近邻距离法。

设点模式中有 n 个点，第 i 点到其最近邻点的距离为 NND_i，NND_n 为整个点模式中平均邻近点距离，则 $\mathrm{NND}_n = \left(\sum \mathrm{NND}_i\right)/n$；

随机分布（一般为泊松分布）条件下，点模式的平均邻近距离为 NND_m：

$$\mathrm{NND}_m = 1/(2D^{1/2}) \tag{3-12}$$

其中，D 为点的密度，$D = n/A$，A 为研究区区域面积。

当均匀分布时，点模式的平均最近邻距离为：$\mathrm{NND}_{dn} = 1.074\,53/D^{1/2}$，$D$ 为点的密度。当完全集聚分布时，即所有点在同一位置上：$\mathrm{NND}_{cn} = 0$。

将 NND_n 和 NND_m、NND_{dn}、NND_{cn} 比较：若 $\mathrm{NND}_n \geqslant \mathrm{NND}_{dn}$，则点模式为较好均匀分布或均匀分布；若 $\mathrm{NND}_m \leqslant \mathrm{NND}_n < \mathrm{NND}_{dn}$，则点模式为比完全随机分布更均匀的分布；若 $\mathrm{NND}_n = \mathrm{NND}_m$，则点模式为随机分布；若 $0 < \mathrm{NND}_n < \mathrm{NND}_m$，则点模式为比随机分布更集聚的分布；若 $\mathrm{NND}_n = 0$，则为完全集聚分布。

方法二：标准最近邻距离指数法。

由于平均最近邻距离法与测量距离的单位有关，因此，不同问题或不同区域间的比较往往比较困难。此外，平均距离法中最近邻指数的最小值为 0，但最大值并不是一个常数，而是点密度的函数。为了克服这些不利因素，引进标准最近邻指数 R：

$$R = \mathrm{NND}_n/\mathrm{NND}_m \tag{3-13}$$

当 $R = 0$ 时，为完全集聚分布；当 $R = 1.0$ 时，为随机分布；当 $R = 2.149$ 时，为完全均匀分布；当 $0 < R < 1.0$ 时，为比随机分布更集聚的分布；当 $1.0 < R < 2.149$ 时，为比完全随机分布较均匀的分布；当 $R > 2.149$ 时，为极好均匀分布。

（2）案例分析。

最近邻分析法可用在城市中代表社区服务地址的点模式和一些公共设施高度分散的模式，以便为区域中的所有地区提供相对一致的服务距离。这对诸如警察局和火警之类的紧急服务设施布局尤其重要。为了给社区提供较高的服务效率，其他的一些服务活动则较少考虑区域内服务设施的分布间隔，在空间上往往呈集聚分布特点。许多非紧急服务设施就是如此，如娱乐设施、杂货店等。以美国马里兰州的巴尔的摩市为例：选取四种社区服务业——警察局、火警、小学和娱乐设施。这四种服务设施的位置分布如图 3-8 所示。

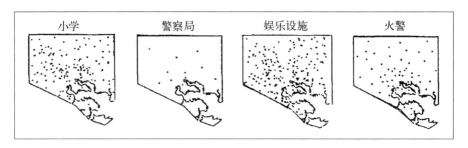

图 3-8　四种公共设施的空间分布

通过最近邻分析,四种设施的最近邻值如表 3-2 所示。由表 3-2 中的数值可以看出,火警、小学和警察局的最近邻距离(NND)和标准最近邻指数(R)均大于完全随机分布的对应值,这说明这三种设施在空间上的布局为较均匀。警察局比随机分布更均匀地分布在空间中。娱乐设施是四种设施中唯一集聚分布的设施。以上四种设施的空间模式均与我们的预测相吻合:火警和警察局都属于紧急服务设施,为了满足平等的需求就需要设置相同的服务距离,进而要求其在空间上均匀分布或接近均匀分布。按照惯例,小学一向都是具有临近关系的设施,目的是最小化孩子们的出行距离。这也与我们的期望或传统思路相一致。

表 3-2　四种公共设施的最近邻值

公共设施	NND	点密度 D	NNDrn	R
火警	1.12	0.680	0.61	1.84
小学	0.63	1.633	0.39	1.62
警察局	1.63	0.136	1.36	1.20
娱乐设施	0.28	2.325	0.33	0.85

(3)最近邻分析方法的评价。

第一,研究区边界的界定往往会影响分析的结果。如前文提到的巴尔的摩市的公共设施最近邻分析中,行政边界界定了研究区范围。在其他的分析中,如果没有正式的或逻辑的边界包围位置点,研究者就必须指明研究区域中可操作的空间边界限制。边界位置并不直接影响最近邻距离或平均最近邻指数。然而,边界位置却影响研究区的面积和点的密度,这些因素进而决定了随机分布的最近邻距离。因此,研究区边界的规定影响了点模式分析的结果。事实上,具有实际意义的研究区边界应与所研究的点模式的分布相一致、相协调。一些研究者建议边界应被定义为研究区中点的外围边缘。

第二个与研究区边界相关的问题是区域边缘最近邻的规定。在一些问题中,与位于边界附近的点最邻近的点位于研究区之外,例如,在前文中,与某一火警或小学距离最近的火警或小学位于边界之外,而不是在边界线内侧。因此,如何处理在边界线附近的点的最近邻距离将会影响分析结果。在点模式分析中,行政边界并不一定能界定最好的研究区边界。

第三个问题是标准最近邻指数和点模式的类型并不是一一对应的关系(De Vos,1973)。Dawson(1975)和 Vincent(1976)向人们展示了具有不同点模式类型却有相同标准的最近邻指数 R 的点图。这种情况也是可能出现的,因为指数 R 仅提供了点与点之间距离的信息,并没有考虑到模式的结构特征,如点的角度布局。

2) 顺序最近邻距离

为了最小化指数 R 和点模式的类型对应关系的不确定性,Skellam 和 Moore 提出了采用顺序最近邻距离的方法:设点模式中共有 n 个点,点 i 到点 $j(j=1,2,3,\cdots,n)$ 的距离为 r_{ij},将按照值的大小排序,且序号与其下标对应值的大小一致,即 $r_{i1} \leqslant r_{i2} \leqslant r_{i3} \leqslant, \cdots, \leqslant r_{in}$,所有 i 点的排序距离构成一排序距离矩阵 $\{r_{ij}\}$,r_{ij} 指点 i 的第 j 个排序距离,则排序为 j 的距离的平均值为:

$$\overline{r_j} = \frac{1}{n} \sum_{i=1}^{n} r_u \tag{3-14}$$

用相同的方法可计算出完全随机分布点模式的期望值和标准差。排序最近距离法同样受到边界问题的影响。Dacey 提出被排序的最近邻距离仅仅包括那些到点 i 的距离值比到边界的距离值小的点。这说明较低的排序距离比较高的排序距离包含更多的样本点测度。

排序距离法的另一种形式是由 Clark、Evans、Dacey 等提出来的区域最近邻方法。该法的思路是:设区域中共有 n 个点,以待测点 i 为中心,将整个区域 k 角等分,然后在各个部分中测量中心点 i 到该部分中的点的最近距离,共得到 k 个这样的距离,将这 k 个距离值排序,设最小值为 r_{i1},最大值为 r_{ik},则排序为 k 的区域最近距离的平均值为:

$$\overline{r_{rk}} = \frac{1}{n} \sum_{i=1}^{n} r_{ik} \qquad (3-15)$$

3) 样方分析法

在空间点模式分析中，最近距离法主要关注最近点间距离的统计特性，而样方分析法则侧重于通过点间隔及其频率分布来揭示点模式的分布特征。样方分析法通过测量研究区域内不同部分的点的频率分布，反映了点密度的不一致性。通过在研究区域上覆盖一组样方（通常为正方形单元格或其他规则形状，且大小一致的图形），然后统计每个单元格中的点数，计算具有 n 个点数的样方个数及其频率，并与完全空间随机过程（如泊松分布）的结果进行对比，来判断点模式的分布特征。

样方分析法分为系统取样和随机取样两种方式。系统取样适用于研究区域较大且点数较多的情况，此时样方的选择和分布通常是规则和一致的；而随机取样更适用于点数较少的情况，样方的选择和分布可能呈现随机状态。

以下以系统取样为例，说明样方分析法的步骤：

（1）根据研究区的大小、形状和点的数目确定样方的数目和形状。

（2）统计各样方内点的数目、包含同样某种个数的样方的数目及频率，并将这些值整理成表格。

（3）根据各样方内出现对象的统计规律判断对象的空间分布特征。

如图 3-9 所示，如果每个样方内包含的点数相同，那么包含某种点数的样方的频率相同，点模式表现为完全均匀分布；如果每个样方内的点数有很大的不同，那么样方频率之间的差异就会很大，点模式表现为集聚分布；如果各样方内的点数相差不是太大，那么样方频率差异不大，整个模式表现为随机或接近随机

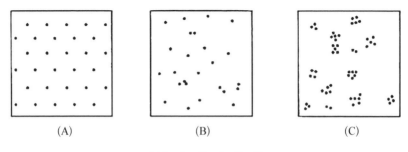

（A） （B） （C）

图 3-9 样 方 分 析

（A）均匀分布；（B）随机分布；（C）集群分布

的分布格局。然而,样方频率的绝对变化不能用来描述点模式的分布状况,因为它受点密度的影响。

样方法为点模式的分析提供了有效的分析方法。但是,样方的大小和个数往往会对测量结果产生重要影响。下面举例明这一点,如图 3-10 和图 3-11 所示,两图中共有点数 450 个。现将二者的有关数值进行比较,如表 3-3 所示。

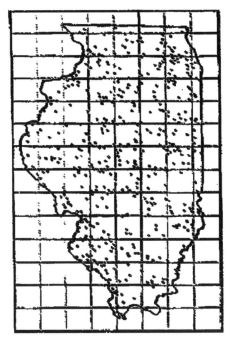

图 3‑10　样方大小为 1 cm×1 cm 的　　图 3‑11　样方大小为 0.5 cm×0.5 cm 的
　　　　　样方分析　　　　　　　　　　　　　　样方分析

表 3‑3　样方大小不同的样方分析结果比较

方法	点数(n)	样方数(m)	平均样方频率 M(n/m)
方法 1	450	63	7.14
方法 2	450	263	1.71

从表 3‑3 中可以看出,样方数越多,平均样方频率就越低,方差也越小。不过,方差相对于均值来说依然较大,方差均值比(VMR)的值依然保持大于 1,点模式的类型依然保持不变,即为集聚分布。此外,研究显示,如果点模式不变,样

方尺寸变小,点频率的方差下降的速度通常比平均值要快,这说明样方越小将产生越小的方差均值比。

4)区域分析方法

在最近邻法和样方法对点模式的测度值中,均未包含点模式的几何细节特征。为了克服这一点,可采用一种考虑了点周围区域的数学方法,即区域分析法。

细胞模型是一种经典的区域分析法。该模型由 Mergering 提出,他曾用该模型研究矿物中晶体集合体的结构,在生物学上,该模型被称为 S 镶嵌图案(Matern,1972;Pielou,1977)。要获得该模型,首先需要假设点分布在一个平面上,且服从泊松分布。在每个点的周围建立一个凸多边形,并且使该多边形内的任何一个位置到被包围的点的距离小于点模式中其他任何点(该多边形外的点)到该被包围的点的距离。如图 3 - 12 所示,按照上述方式建立的多边形称为Tissen 多边形、Dirichlet 多边形、Voronoi 图等。Evans,Mergering,Gilbert 和Boots 等人曾用点(符合泊松分布)密度(D)获得一些参数值来测量 Tissen 多边形的一般特性。在这样一种模式里边的平均数为 6,周长为 $4/D^{1/2}$,平均边长是$(2D^{1/2})/3$,多边形的平均面积是 $1/D$。

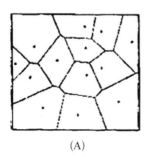
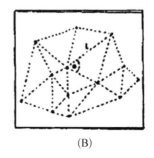

(A)   (B)

图 3 - 12   Tissen 多边形

5)集聚型点模式的分析

集聚型点模式的特殊之处在于其可能存在无中心、单中心和多中心,无方向、单方向和多方向的情况。这使得集聚型点模式的分析要比随机分布和均匀分布的点模式复杂得多,这也是点模式分析中的难点。

集聚中心的意义在于:① 注记的自动配置是机助制图中重要的研究主题,集聚中心可以优化有集聚特征注记的位置;② 研究空间过程的属性,进而确定空间相互作用的强度、空间相关关系,特别是空间扩散的性质;③ 准确研究区域内居民地理空间分布规律,为行政区划调整、区域规划、公共设施建设、交通规划和布局提供精准的决策依据。

3.4.2 空间面模式分析

面模式的研究目标与点模式相似,即研究其在空间上的分布形式是随机的、均匀的还是集聚的。如果相互毗邻的面的属性值相同或相似,那么可认为是集聚分布;如果相邻的面的属性值不同,那么可认为是离散或均匀分布;如果相邻的面的属性值无规律可循,那么可认为是随机分布(见图 3-13)。

(A)   (B)   (C)

图 3-13 面模式的三种类型

(A) 聚集分布;(B) 均匀分布;(C) 随机分布

面模式的优势在于能够展现随时间动态变化的变量的分布情况。举例来说,当医学地理学家研究流行性感冒在大都市中的传播情况时,可以根据当地相关部门提供的数据绘制一系列发病率地区分布图,并观察其随时间的变化。如果发病率在连续的时间内呈现更加分散或均匀的分布形式,就说明流感正在整个大城市区均匀地扩散,这意味着流感可能会在离高发区较远的地方暴发,这是一个危险的信号。相反,如果发病率呈现更加集聚的分布,就说明需要采取适当措施控制高发区的蔓延。面模式分析在研究动态变化的变量分布时具有重要意义,通过对面模式的分析,相关部门可以实施有效的控制措施。

面模式的分析方法有很多,选择哪种方法主要取决于数据的测量尺度和变量的组织方式。对以名义尺度、顺序尺度、间隔和比率尺度组织的数据都可以进行空间自相关的测度。通常可以使用二值图来对面模式进行分析,即将变量转换成二值逻辑数据。以流感发病率为例,可以将发病率分为高于平均发病率和低于平均发病率两种情况,并将高发地区标记为 1(黑色),低发地区标记为 0(白色),通过这种方式,可以对发病率进行面模式的研究。

3.4.2.1 邻近性的测定

邻近性这一概念有狭义和广义两种内涵。在狭义上,邻近性主要涉及地理空间上的接近或相邻关系,比如相邻的省、县等地域单位。而在广义上,邻近性可以被理解为在某种属性或关系上的接近性。邻近性抽象地反映了相互之间的关系。举例来说,以贸易角度来看,一个国家可以用与其他几个国家在贸易额上的大小来反映它们之间的邻近性。这种邻近性可以反映不同国家之间是否存在密切的贸易联系,也可以反映它们之间的邻近程度。同样地,两个县之间人口的流动也可以反映它们之间的某种邻近性,即使在地理上它们可能相隔很远。

通过引入邻近性这个概念,我们可以更加合理地处理一些问题,使其更符合实际情况。对于邻近性的考量,可以帮助我们理解和解决各种问题,例如区域合作、贸易关系、人口迁徙等。在空间统计分析中,用点表示个体,如有 N 个个体,就用符号 $1,2,\cdots,N$ 来表示,它们之间的邻近性用矩阵 $W=(\omega_{ij})_{N\times N}$ 来刻画,W 的元素 ω_{ij} 反映第 i 个点与第 j 个点之间的邻近性。以 9 个点为例(见图 3 - 14),可有以下 3 种不同的定义:① 相邻为 1,不相邻为 0;② 如以斜角相邻为 1,否则为 0;③ 如果有①、②性质之一的就算相邻,就可组成另一个矩阵 W。 这告诉我们不同的看法会导出不同的 W。

图 3 - 14　邻　近　图

另一种邻近性是可以用数量表示的,例如相邻两县的邻近性可以用它们共同边界的长度来描述,相邻两岛的邻近性可以用它们之间最短距离的倒数来表示。邻近性还可以用两个面实体的中心之间的距离来度量,或者用公共边的长度与该面的周长之比来表示;或者规定两面模式的中心距离小于某一规定值时为 1,否则为 0。邻近性矩阵 W 不一定是一个对称矩阵,即有 $\omega_{ij}=\omega_{ji}$。 例如两个县之间的邻近性也可以这样确定,ω_{ij} 表示第 i 个县与第 j 个县的共同边界长度占第 i 个县全部边界的比例,尽管共同边界的长度 S_{ij} 对于两县是一样的,即 $S_{ij}=S_{ji}$,但 i 县的边界长度 S_i 与 j 县的边界长度 S_j 往往不一样,因此 $\omega_{ij}=S_{ij}/S_i$,$\omega_{ji}=S_{ji}/S_j$ 这两个值就不一样。邻近性在统计分析中的考虑确实不仅限于生态、传染病和环保领域,它在经济分析中同样具有重要的应用价值。邻近性引起统计分析的变化,即空间自相关性,可以为经济问题的研究提供新的视角和方法。此外,还可以根据邻近矩阵和属性值共同构建一个空间权重矩阵,如图 3 - 15 所示。

$$\begin{array}{c} \quad\quad a\ \ b\ \ c\ \ d\ \ e\ \ f\ \ g\ \ h\ \ i \\ \begin{array}{c} a \\ b \\ c \\ d \\ e \\ f \\ g \\ h \\ i \end{array} \left(\begin{array}{ccccccccc} 0 & 1 & 0 & 1 & 0 & 0 & 0 & 0 & 0 \\ 1 & 0 & 1 & 0 & 1 & 0 & 0 & 0 & 0 \\ 0 & 1 & 0 & 0 & 0 & 1 & 0 & 0 & 0 \\ 1 & 0 & 0 & 0 & 1 & 0 & 1 & 0 & 0 \\ 0 & 1 & 0 & 1 & 0 & 1 & 0 & 1 & 0 \\ 0 & 0 & 1 & 0 & 1 & 0 & 0 & 0 & 1 \\ 0 & 0 & 0 & 1 & 0 & 0 & 0 & 1 & 0 \\ 0 & 0 & 0 & 0 & 1 & 0 & 1 & 0 & 1 \\ 0 & 0 & 0 & 0 & 0 & 1 & 0 & 1 & 0 \end{array} \right) \end{array}$$

图 3 - 15　权 重 矩 阵

3.4.2.2　邻接数统计

本质上,面模式的分布类型与空间自相关是一致的。空间自相关是指属性相同或相似的值在空间中的聚集程度。如果相同或相似的值在空间中具有聚集的趋势,则表示存在正相关关系;如果类似的属性值在空间上相互排斥,则表示存在负相关关系。空间自相关描述了某一位置上的属性值与相邻位置上的属性值之间的关系。空间自相关与面模式的分布类型存在如下——对应关系:

(1) 空间正相关对应集聚分布的面模式。当属性值在空间上呈现集聚的分布形式时,表示该属性具有正相关性。例如,高发地区周围可能存在更多的高发地区,形成集聚分布的面模式。

(2) 空间负相关对应均匀分布的面模式。当属性值在空间上呈现均匀的分布形式时,表示该属性具有负相关性。例如,疾病的发病率在整个区域中呈现均匀分布的面模式,说明不存在明显的集聚现象。

(3) 空间零相关对应随机分布的面模式。当属性值在空间上呈现随机的分布形式时,表示该属性具有零相关性。例如,人口密度在一个区域中既没有明显的集聚,也没有明显的均匀分布,呈现随机分布的面模式。

因此,通过对面模式的分布类型进行分析,可以揭示出空间自相关的性质和特征。面模式的分布类型与空间自相关密切相关,能够帮助我们理解地理现象背后的空间关系和规律。邻接数统计是最基本的面模式分析方法,这里的"临界数"是指 2 个子面公共边的个数。图 3 - 16 就是面模式的邻接结构图,

图3-16 面模式的邻接结构

从图3-16可以看出各个子面的邻接单元及邻接数。

按照一定标准将各个子区二值化,将大于某个属性值的赋予"黑(B)"或"1",将小于某个属性值的赋予"白(W)"或"0"。这里的1和0不再具有数学上的意义,而是名义尺度指标。相应地,各个邻接数可分为:① "黑—黑"邻接,即公共边两侧的子区值均为"黑"。② "白—白"邻接和"黑—白"邻接,在集聚分布的面模式中,"黑—黑"邻接和"白—白"邻接的个数相对较多,"黑—白"邻接的个数很少,也就是说,属性值相似或相同的区域在空间上聚集在一起;在均匀分布的面模式中,情况却相反,"黑—黑"邻接和"白—白"邻接的个数很少,"黑—白"邻接的个数却很多;在随机分布中,相同值的个数和不同值的个数介于前两种情况之间。图3-16中各种分布的统计情况如表3-4所示。

表3-4 3种分布模式的邻接数

分布模式	邻接总数	不同区域邻接	相似区域邻接		总数
		B-W邻接	B-B邻接	W-W邻接	
集聚分布	19	5	7	7	14
均匀分布	19	15	0	4	4
随机分布	19	12	4	3	7

在确定研究区域面模式的分布类型时,可以使用自由抽样方法或非自由抽样方法。自由抽样方法适用于研究者能够根据某种理论标准确定面的属性值是"黑"还是"白"的概率,或者有一个更大的研究区域可以作为参照。该方法的关键是确定面的"黑"或"白"的属性值的概率。以流感发病率为例,按整个大都市区的人口调查数据将发病率分为两类:① 高于平均值的为"黑"(高发区);② 低于平均值的为"白"(低发区)。当只在大都市区的一部分进行流感分布模式的分析时,可以假设高于或低于平均值的概率在整个大区域中具有一定的代表性。在这种情况下,可以采用自由抽样方法。

在自由抽样方法中,可以假设具有相同概率的随机分布的面模式中的"黑—白"邻接数的分布。通过观察实际面模式中的"黑—白"邻接数与随机分布中的分布情况进行比较,可以判断实际面模式的分布类型。

需要注意的是,自由抽样方法要求有明确的概率理论基础或参照区域来确定属性值的概率。如果这些条件无法满足,那么可以考虑使用非自由抽样方法进行面模式分布类型的确定。非自由抽样方法可以基于其他统计方法或模型来分析,但涉及更多的假设和复杂性。

当没有合适的理论或较大的研究区域可以作为参考时,应该采用非自由抽样方法。在这种方法中,只针对研究区域本身进行分析,通过估计研究区域中子区的随机图形结构来得出"黑—白"邻接数。举个例子,政治地理学家在研究基于选区统计的社区选民登记率的空间模式时,很难确定基于选区确定的空间模式在更大区域中是否具有代表性或典型性。此时,采用非自由抽样方法是合适的。在许多地理问题中,要在任何置信度下推断子区具有代表性是非常困难的。

非自由抽样方法适用于没有合适的理论或较大研究区域可供参考的情况。在这种方法中,依靠对研究区域本身的分析来推断其面模式的分布类型。虽然非自由抽样方法有一定的局限性,但它是探索研究区域独特特征的有效工具。这种方法基于研究区域本身进行分析,并估计随机图形结构来推断"黑—白"邻接数。尽管验证子区是否具有代表性在许多地理问题中是困难的,但非自由抽样方法仍然是一种合适的选择,常用于研究区域中独特的面模式。

3.5　探索性空间统计方法

探索性空间统计方法是一种用于分析和理解地理空间数据的方法,旨在揭示数据中的空间模式和趋势。根据空间统计和空间计量经济学原理方法,进行空间分析的思路如下:首先采用空间统计分析指数检验变量间是否存在空间自相关性,如果存在,则需要在空间计量经济学理论方法的支持下,将空间影响纳入其中,建立空间计量经济模型,进行空间计量估计和检验。

因此,进行空间分析的主要任务是对变量间空间自相关存在性的检验,确定空间自相关性存在的标准步骤如下:空间权重矩阵的构建、空间自相关程度的测度和空间自相关的检验。

3.5.1 空间权重矩阵

空间权重矩阵 $W = (W_{ij})_{n \times n}$ 主要用于表达空间的相互依赖性,它是外生信息。W 中对角线上的元素被设定为 0,而 W_{ij} 表示区域 i 和区域 j 空间上的紧密程度。为了减少或者消除区域间的外生影响,权重矩阵在进行其他运算前通常被标准化,矩阵 W 的行和为 1,标准化意味着每一个矩阵元素仅仅表示邻接空间的加权平均数。

空间权重矩阵 W 有多种选择的方法,一般可将现实的地理空间关联或者经济联系纳入模型中来。其中最主要的方式有以下两种:邻近指标和距离指标。具体方法解释如下:

1) 基于邻近概念的空间权重矩阵

这种方法采用邻接标准,其目的是定义空间对象的邻接关系。一般相邻标准的 w_{ij} 为

$$w_{ij} = \begin{cases} 1 & \text{区域 } i \text{ 和 } j \text{ 相邻} \\ 0 & \text{区域 } i \text{ 和 } j \text{ 不相邻} \end{cases} \tag{3-16}$$

基于邻近概念的空间权重矩阵又有一阶邻近矩阵和高阶邻近矩阵之分。

2) 基于距离概念的空间权重矩阵

这种方法采用距离标准,一般基于距离标准的 W_{ij} 为

$$w_{ij} = \begin{cases} 1 & \text{区域 } i \text{ 和 } j \text{ 在距离 } d \text{ 之内} \\ 0 & \text{区域 } i \text{ 和 } j \text{ 在距离 } d \text{ 之外} \end{cases} \tag{3-17}$$

这种方法实质上是假定空间相互作用的强度与区域距离之间关系密切,这种方法简单方便,实践中经常使用。这种方法的关键是要预先设定一个门槛距离,若在门槛距离之内,则认为区域之间存在关联;若超过门槛距离,则认为区域间的没有相互作用。

3) 基于经济社会现象的空间权重矩阵

在基于距离概念的空间权重矩阵中,除了使用真实的地理距离计算外,还包括经济和社会因素等更为复杂的权重矩阵设定方法。经济距离矩阵的设定需满足有意义、有限性和非负性三大条件。经济距离矩阵可以依据区域间交通网密度、贸易流动量和通信量等因素来设定。

3.5.2　空间相关性的测度

空间相关性是指空间中各变量之间存在相互影响。空间相关性可能会由多种因素引起,例如,空间样本的简单线性化、空间样本的简单归并、空间外部性以及空间溢出效应等。空间相关性可以用数学公式表示为:

$$y_i = f(y_j),\ (j = 1,\ 2,\ \cdots,\ n) \tag{3-18}$$

空间相关性主要表现在两个方面:

(1) 空间实质相关性。由空间外部性、邻近效应等因素造成的计量模型中解释变量的空间相关性。

处理方法:需要在模型的设定方法上做相应改进,可以用空间自回归模型来分析。

(2) 空间扰动相关性。由于忽视了一定的空间影响,例如存在空间影响的区域没有被纳入模型中,造成的模型残差存在空间相关性。

处理方法:在不考虑空间结构的情况下,可以运用传统的处理异方差性、样本截面相关性等问题的方法予以解决;当需要考虑空间结构时,就要对相应的空间相关性进行特殊处理。对于空间结构进行处理存在的困难是,如何正确判定空间结构的存在形式,并且正确地设定模型,可以用空间误差模型来分析。

3.5.3　空间自相关性检验

将空间效应考虑进来以后,在建立计量模型进行分析研究之前,我们必须先进行空间相关性的检验,为后面采用空间经济计量方法做好准备。

在计算和检验区域经济空间相关存在性时,空间统计学较常使用到 2 个类似于相关系数的统计量:Moran(1950)提出的空间相关指数 Moran's I 和 Geary(1954)所定义的 Geary's C。尽管任一统计指标都能基本上获得空间自相关的特征,而且在许多分析中两者大致上可以相互替代。但与 Geary's C 相比,Moran's I 不易受偏离正态分布的影响,因此在大多数应用中,Moran's I 更为常用。Moran's I 在功用上大致可以分为两大类:全域空间自相关 Moran's I 指数和局域空间自相关 Moran's I 指数。

1) 全域空间自相关 Moran's I 指数

全域空间自相关是从区域空间的整体上刻画区域经济活动分布的集群状

况。全局指标包括 Moran 提出的 I 指标和 Geary 提出的 C 指标,反映空间邻接或空间邻接的区域单元属性值的相似程度及空间自相关程度的总体趋势。I 指标的定义表达式如下:

$$I(d) = \frac{\sum_{i=1}^{n} \sum_{j=1}^{n} W_{ij}(x_i - x_a)(x_j - x_a)}{S^2 \sum_{i=1}^{n} \sum_{j=1}^{n} W_{ij}} \tag{3-19}$$

其中,$I(d)$ 为选定距离 d 下的 Moran 指数,x_i 为面实体 i 的属性值,x_a 为整体平均值。

S^2 为整体属性值的方差,n 为面实体的个数,$W_{ij}(i, j = 1, 2, \cdots, n)$ 是空间权重矩阵 $\boldsymbol{W}$ 的元素,空间权重矩阵可以基于以上所说的三种标准进行构建。

$$S^2 = \frac{1}{n}(x_i - \bar{x})^2$$

$$\bar{x} = \frac{1}{n} \sum_{i=1}^{n} x_i$$

$Z(d)$ 为检验值,用来检验在一定置信度区间内所得结果的可靠度,$Z(d)$ 大于 0,说明 I 值的结果可信。$E(I)$ 为期望值,VAR(I) 为方差,在正态分布的假设下相关系数的公式如下:

$$Z(d) = \frac{I(d) - E(I)}{\sqrt{\text{VAR}(I)}} \tag{3-20}$$

$I(d)$ 的含义是:当 $I(d) = 0$ 时,表明无空间自相关;当 $I(d) > 0$ 时,表明存在空间正相关;当 $I(d) < 0$ 时,表明存在空间负相关。此外,$I(d)$ 的绝对值越大,表明其正相关或负相关的程度就越大。

C 指标的表达式为:

$$C = \frac{(n-1) \sum_{i=1}^{n} \sum_{j=1}^{n} W_{ij}(x_i - x_j)^2}{2\left(\sum_{i \neq j} \sum W_{ij}\right)\left[\sum_{i=1}^{n}(x_i - x_a)^2\right]} \tag{3-21}$$

C 指标的含义是:$C = 1$,表示无空间自相关;$C > 1$,表示负的空间自相关;$C < 1$,表明存在空间正相关。

全局指标仅仅使用一个单一的值来反映一定范围内的自相关,很难发现存在于不同区域的空间关联模式。$G_i(d)$ 统计、局部 Moran 和局部 Geary 统计是常用的几个局部指标。

$$G_i(d) = \frac{\left| \sum_{j,\,j\neq i}^{n} W_{ij} x_j \right|}{\sum_{j,\,j\neq i}^{n} x_j} \qquad (3-22)$$

$G_i(d)$ 为第 i 个区域的 G 统计量，X_j 为区域 J 的某一属性值。

$$E[G_i(d)] = W_i/(n-1)$$

$$W_i = \sum_{j,\,j\neq i}^{n} W_{ij}$$

为了便于解释，定义 $Z(G_i)$ 为 G_i 的标准形式，$Z(G_i)$ 的表达式为：

$$Z(G_i) = \frac{G_i - E_i(G_i)}{\sqrt{\mathrm{VAR}(G_i)}} \qquad (3-23)$$

当 $Z(G_i)$ 为正时，说明位置 i 被数量值大的观测值包围，即用来确定空间凝聚的模式是高值簇；当 $Z(G_i)$ 为负时，说明位置 i 被数量值小的观测值包围，即用来确定空间凝聚的模式是低值簇。但 G 统计不能发现相似性（正关联）或非相似性（负关联）的空间模式。

Moran's I 系数反映出孔内区域单元的属性值的相关程度。与相关系数一样，Moran's I 系数的取值区间为（−1，1）。符号代表着相似程度的方向性，而绝对值大小意味着关联的强弱性。通常认为 2 个空间单元的距离越近，它们之间的关联性越强，表现为属性值的正相关或负相关。正相关和负相关可通过空间相关系数 Moran's I 散点图的方式以坐标图在四大象限呈现。

Moran 散点图的四个象限分别对应区域单元与其邻居之间四种类型的局部空间联系形式，第一、三象限代表正的空间联系，第二、四象限代表负的空间联系。其中，第一象限代表了高观测值的区域单元为同，是高值的区域所包围的空间联系形式（高—高）；第二象限代表了低观测值的区域单元为高值的区域所包围的空间联系形式（低—高）；第三象限代表了低观测值的区域单元为同，是低值的区域所包围的空间联系形式（低—低）；第四象限代表了高观测值的区域单元为低值的区域所包围的空间联系形式（高—低）。与局部 Moran 指数相比，散点图的重要优势在于能够进一步具体区分区域单元和其邻居之间属于高值—高值、高值—低值、低值—低值、低值—高值之中的哪种空间联系形式，并且对应于 Moran 散点图的不同象限，可识别出空间分布中存在着哪几种不同的实体。

对于 Moran's I 指数的计算结果,可以采用渐进正态分布和随机分布两种假设进行检验,以评价区域间是否存在空间自相关关系。

检验的标准化形式为:

$$Z(d) = \frac{\text{Moran's I} - \text{E(I)}}{\sqrt{\text{VAR(I)}}} \qquad (3-24)$$

根据地理空间数据的分布情况,可以计算出在正态假设条件下,全域空间自相关 Moran's I 指数的期望值 $E_N(I)$、方差 $\text{VAR}(I)$ 分别为:

$$E_N(I) = \frac{-1}{(n-1)} \qquad (3-25)$$

$$\text{VAR}_N(I) = \frac{1}{w_0^2(n^2-1)}(n^2 w_1 - n w_2 + 3 w_0^2) - E_N^2(I) \qquad (3-26)$$

在随机假设条件下,Moran's I 的期望值 $E_R(I)$、$\text{VAR}_R(I)$ 分别为:

$$E_R(I) = \frac{-1}{(n-1)} \qquad (3-27)$$

$$\text{VAR}_R(I) = \frac{n[(n^2-3n+3)w_1 - n w_2 + 3 w_0^2] - K[(n^2-n)w_1 - 2n w_2 + 6 w_0^2]}{w_0^2(n-1)(n-2)(n-3)}$$
$$- E_R^2(I) \qquad (3-28)$$

其中,$w_0 = \sum_{i=1}^{n}\sum_{j=1}^{n} w_{ij}$,$w_1 = \frac{1}{2}\sum_{i=1}^{n}\sum_{j=1}^{n}(w_{ij}+w_{ji})^2$,$w_2 = \sum_{i=1}^{n}(w_{ij}+w_{ji})^2$,$K = \dfrac{n\sum_{i=1}^{n}(y_i-\bar{y})^4}{[\sum_{j=1}^{n}(y_i-\bar{y})^2]^2}$,$w_{ij}$ 和 w_{ji} 分别为空间权重矩阵中 i 行和 j 列之和。

2) 局域空间自相关 Moran's I 指数

全域空间自相关指数呈现的只是区域空间整体上经济活动分布的集群状况,而对存在于全域地理范围内不同区域的空间关联模式却无能为力,因此全域空间自相关 Moran's I 指数在有些条件难以反映局部区域的情况,有时甚至"颠倒"区域空间关联的正确模式,因此我们还需要新的指标去揭示局部区域之间空间关联模式的证据,此时通常采用局域空间关联指标来分析空间关联的局域特性。

局域空间自相关 Moran's I 指数作为空间探索技术的重要组成部分,其功能如下：一是为每个观测单元周围的局部空间集聚状况做显著性评估；二是可以揭示出对全局联系影响大的样本单元以及不同的空间联系形式。

根据 Anselin(1995)的定义，一般而言，局域空间自相关指标需要满足 2 个条件：每个区域空间观测单元的空间关联局域指标描述了围绕该区域单元显著的相似空间单元之间的空间集群程度；所有空间单元的空间关联局域指标之和与对应的全域空间关联指标成比例。

与 G 统计相比，局部 Moran 和局部 Geary 统计具有一定的优势。对于每个位置 i，局部 Moran 和局部 Geary 统计可以分别定义为：

$$I_i = \left(\frac{Z_i}{S^2}\right) \sum_{j \neq i}^{n} w_{ij} Z_j \tag{3-29}$$

$$C_i = \sum_{j \neq i}^{n} w_{ij} (Z_i - Z_j)^2 \tag{3-30}$$

上式中 Z_i 和 Z_j 为位置 i 和位置 j 的属性值与均值的偏差，即 $Z_i = x_i - x_a$，x_a 为均值；w_{ij} 为矩阵元素。

$$S^2 = \frac{\sum_j (x_j - x_a)^2}{n-1} \tag{3-31}$$

j 不等于 i，$w_{ij} Z_j$ 为周围位置属性值偏差的加权平均。与局部 Moran 不同的是，局部 Geary 统计 C_i 是对属性值偏差之差的平方和的加权度量。因局部 Moran's I 指数由全局指数各分量的 n 倍定义，取值可以超出 -1 与 1 间的范围。该指标形成的正态分布统计量表明，相邻单元值的彼此关联情况，可以揭示空间聚集的重要关联点。故局域空间自相关 Moran's I 指数是区域空间单元与其相邻近观测单元观测值加权平均的乘积。正的 Moran's I 值表示该区域单元周围相似值的空间集群，负的 Moran's I 值表示非相似值之间的空间集群。

对于一个随机分布假设 H_0，同样可用检验统计量 $Z(I_i)$ 对局部空间关联进行显著性检验，同时可得：$Z(I_i) = [I_i - E(I_i)]/\text{VAR}(I_i)$。根据 $Z(I_i)$ 可以对有意义的局部空间关联进行显著性检验。根据一个"条件"随机方法或排列方法，可以获得 I_i 的一个伪显著性水平。P 值同样为零假设 (H_0) 检验提供了基础，即检验所有的属性值在空间上是否为随机分布。对局部 Moran 的解释与 G 统计相似。一个小的 p 值(如 $p < 0.05$)表明与位置 i 相关联的周围位置的属性值较大，而一个大的 p 值(如 $p > 0.95$)表明与位置 i 相关联的周围位置的属性值较小。局部Geary的伪显著性水平 p 值的计算与局部 Moran 的 p 值的计算相似。一个大的 p 值(如 $p > 0.95$) 表明有一个小的极值 C_i,这间接表明观测点 i 与它周围的观测点之间存在一个正的空间关联;一个小的 p 值(如 $p < 0.05$) 表明有一个大的极值 C_i,这间接表明观测点 i 与它周围的观测点之间存在一个负的空间关联。

对于局域空间自相关 Moran's I 指数的计算结果,同样可以采用标准化形式对局部空间相关性进行检验:

$$Z(d) = \frac{\text{Moran's I} - E(I)}{\sqrt{\text{VAR}(I)}}$$

在随机假设条件下,Moran's I 的期望值 $E_R(I)$、$\text{VAR}_R(I)$ 分别为:

$$E_N(I) = -\sum_{i=1}^{n} \frac{w_{ij}}{(n-1)} \tag{3-32}$$

$$\text{VAR}_N(I) = \frac{w_{i(2)}(n-b_2)}{(n-1)} + \frac{w_{i(kh)}(2b_2-n)}{(n-1)(n-2)} - E_N^2(I) \tag{3-33}$$

式(3-33)中,$b_2 = \dfrac{m_4}{m_2}$,m_2 和 m_4 分别表示二阶样本距和四阶样本距,$w_{i(2)} = \sum_{j, j\neq i}^{n} w_{if}^2$,$w_{i(kh)} = \sum_{k, k\neq i}^{n} \sum_{h, h\neq i}^{n} w_{ik} w_{jh}$。

3) 空间关联局部指标

若 Moran 散点图没有给出显著性水平的指标,因此需要计算 LISA(Local Indicators of Spatial Association,LISA),来进一步探究这些空间分析的结果。

LISA 可以揭示某一区域单元的属性值与其空间邻近区域单元属性值之间的相似性或相关性,用于识别空间集聚和空间孤立、探测空间异质等。LISA 包括局部 Moran's I 指数和局部 Geary 指数。

3.5.4　空间异质性

空间异质性主要是指空间中各变量由于所处的区位位置不同而存在的差异性。在区域分析中,因为中心—外围效应等因素的存在,导致了空间异质性的产生。空间差异性可以用模型表示为:

$$y_i = X\beta_i + \varepsilon_i$$

空间差异性主要反映在参数 β_i 之上,当存在空间差异性时,参数 β_i 在各空间单元上有所变异;若 β_i 对所有空间单元都相等时,则各空间体之间便不存在空间差异性。

在空间计量经济模型中,空间异质性主要反映在模型结构性的差异上。它可以用传统计量经济学的基本方法进行处理,例如面板数据模型的变系数方法、随机系数方法以及系数扩展方法等,也可以直接通过面板数据模型的方差协方差矩阵来处理空间异质性的问题。

在处理空间异质性时,主要存在的问题是空间计量经济模型结构性差异可能是由空间相关性引起的,也可能是由空间异质性引起的,而现有的技术对于区分这两种空间效应仍然显得十分不足。

3.6　本章小结

空间数据是时空统计分析中的另一个关键维度。本章从空间数据的基本处理方法入手,介绍了空间数据的概念、类型和处理技术。我们讨论了空间数据的预处理、空间关系统计测度以及探索性空间统计方法,这些内容对于理解空间数据的结构和特征至关重要。

在空间关系统计测度部分,本章详细介绍了空间自相关、空间异质性等概念,并探讨了如何使用统计方法来量化这些空间关系。此外,本章还介绍了探索性空间统计方法,如空间聚类分析、空间异常检测等,这些方法能够帮助研究人员发现空间数据中的模式和异常。

本章的最后部分,我们讨论了空间数据分析在实际应用中的挑战,如空间数据的尺度问题、空间非平稳性等。通过案例分析和实践指导,本章为读者提供了处理复杂空间数据的策略和技巧,为后续的时空数据分析提供了重要的理论和实践基础。

~~~~~~~~~~~~~~ 思考与练习题 ~~~~~~~~~~~~~~

思考题:

1. 空间数据的基本特征有哪些? 它们如何影响空间分析的结果?

2. 空间数据的语义表达对于空间关系统计测度的重要性是怎样的?

3. 简述探索性空间统计方法在地理信息系统中的应用及其价值。

练习题:

1. 收集一组空间数据,并使用 GIS 软件进行可视化展示。

2. 尝试使用空间自相关指数(如 Moran's I)分析空间数据的聚集性。

3. 选择一个地理现象,设计并实施一个探索性空间数据分析流程。

探索性时空数据分析

探索性时空数据分析(Exploratory Spatiotemporal Data Analysis,ESTDA)是一种用于分析和理解包含时空元素数据的方法论。这类数据通常包含特定的地理位置信息以及随时间变化的数据特征。ESTDA 的目标是通过可视化和统计方法揭示数据中的模式、趋势和异常,帮助研究人员和决策者更好地理解数据背后的时空动态。

4.1 时空数据

时空数据是指在时间和空间上具有变化特征的数据。它包含了时间维度和空间维度,反映了数据在不同时间和空间位置上的变化规律。时空数据是一个动态的概念,与静态数据相对应。

在实际应用中,时空数据的来源非常广泛。例如,气象数据记录了不同地区在不同时间点上的温度、湿度、降雨量等气象要素的变化;交通数据反映了车辆在道路网络上的运行轨迹和交通状况;物流数据记录了货物的位置和运输过程中的时间点;社交网络数据反映了用户在不同时间和地点的社交关系和互动行为;等等。这些时空数据的特点在于具有一定的空间和时间的关联性,因此对其进行合理建模和分析有助于揭示数据背后的规律,为决策提供支持。

4.1.1 时空数据类型

时空数据是指在时间和空间维度上都具有变化和相关性的数据。它涵盖了地理空间数据、时间序列数据和时空面板数据等多种形式。

在时空数据中,时间维度用于描述数据的时间变化和顺序,而空间维度用于描述数据在地理空间中的位置和空间关系。时空数据通常记录了不同时刻和位置的某种现象或属性的观测值。

举例来说,地理空间数据可以是关于地球表面各个地理位置的属性数据,如人口分布、土地利用、气象观测等。这种数据通常以地理坐标或行政区划等方式进行空间定位。

时间序列数据用于描述同一地点在不同时间点上的观测值。例如,股票价格、气温记录、人口统计数据等都可以被视为时间序列数据。

时空面板数据结合了时间序列和地理空间的特点,可以同时考虑时间和空间维度对数据进行建模和分析。例如,对于气候研究,可以使用时空面板数据来分析不同地区的气温变化趋势。

时空数据分析的目标是探索数据的时间和空间特征,提取数据中的模式、趋势和关联关系,从而对未来的时空变化进行预测和决策支持。在时空数据分析中,常见的方法包括时间序列分析、地理信息系统分析、空间统计和空间插值等。

总之,时空数据是一种具有时间和空间维度的数据,在许多领域中都具有重要的研究和应用价值。对时空数据进行分析和建模,可以深入理解数据背后的模式和关联关系,并为决策和规划提供支持。

4.1.2　时空数据特点

时空数据具有时序性、空间关联性、多维度性、数据量大和空间不均衡性的特点。

(1) 时序性。时空数据是随着时间变化的数据。它可以捕捉到事物在不同时间点上的状态和变化趋势。时序性使得我们能够分析和理解事物的演化过程和动态特征。

(2) 空间关联性。时空数据具有空间上的关联性,即不同地点之间存在着相互关系。这些关系既可以是空间上的距离和邻近性,也可以是地理属性的相似性或相互作用。空间关联性使得我们能够研究和分析地理现象的空间模式、空间交互作用以及空间分布规律。例如,气象数据中的温度和湿度在时间上可能呈现出周期性变化,而在空间上相邻地区的降雨量可能会相似。

(3) 多维度性。时空数据通常涉及多个维度的信息。除了时间和空间维度之外,还可能包括其他属性维度,如人口、温度、海拔等。多维度性使得我们能够综合考虑不同因素对时空现象的影响,并进行综合建模和分析。

（4）数据量大。时空数据通常具有大数据特征，因为涉及大量的观测点和时间点。这对数据的存储、处理和分析提出了挑战，需要使用高效的数据处理和计算方法。

（5）空间不均衡性。时空数据在空间上的分布通常是不均衡的，即不同地区的数据密度和质量可能存在差异。这可能导致在进行时空分析时需要考虑偏差和不确定性，并采取相应的处理方法。

时空数据的以上特点对于处理和分析时空数据具有重要的意义。除了以上特点之外，时空数据还会面临不完整性和噪声等问题，如缺失数据、异常值和测量误差的存在。我们需要充分理解和利用时空数据的特点及语义表达方式，以更好地进行数据建模、分析和决策。

4.1.3　时空数据及语义表达

时空及语义是指描述事物的时间、空间以及语义（含义）的相关信息。当涉到时空及语义表达时，可以使用多种方法和技术来处理和表示相关信息。以下是一些常见的方法和技术。

（1）时间表达。在处理时间信息时，可以使用日期、时刻、时间段等形式来表示时间。此外，还有一些常见的时间表示方法，如时间戳、日期格式、相对时间（如"今天""昨天"）等。

（2）地理空间表达。在处理地理空间信息时，可以使用地理坐标（如经纬度）、地址、地理编码（如地名、邮政编码）等来表示地点信息。此外，还可以利用地图和 GIS 数据来可视化和分析地理空间信息。

（3）实体识别。它是指从文本中识别出具有特定意义的命名实体，如人名、地名、组织机构等。实体识别可以用于提取时间、地点等相关信息。

（4）关系抽取。它是指从文本中提取出实体之间的语义关系。例如，可以从句子中提取出主谓关系、动宾关系等。关系抽取可以帮助我们理解实体之间的连接和语义关联。

（5）语义角色标注。它是指将句子中的词语标注为特定的语义角色，如施事者、受事者、时间、地点等。语义角色标注可以帮助我们分析句子中词语的语义作用和关系。

这些方法和技术可以相互结合，用于处理和表示时空及语义信息。通过利用这些技术，我们能够更好地理解和解释文本中的时间、地点和语义关系。

为了对时空数据进行建模和分析,需要借助适当的方法和技术。传统的时空数据建模方法包括时间序列分析、空间统计分析和时空插值等。近年来,随着机器学习和深度学习等领域的发展,也出现了一些新的方法和算法,如时空图神经网络、时空深度学习等,可用于应对时空数据的挑战。

4.1.4　时空演变

时空演变表征了时空对象的形态、拓扑和属性随时间流逝而变化或保持稳定的过程。这一过程是评估时空数据模型是否具备支持现实世界中时空对象连续变化或离散变化能力的重要指标。根据空间实体演变的速度或周期,可以将其分为以下三类。

（1）长期演变。例如龙门石窟佛像的自然侵蚀,通常是指数年甚至数十年间的慢性变化。

（2）中期演变。如农村城市化建设,通常发生在几个月到几年的时间尺度上,体现出较为显著的变化。

（3）短期演变。例如地震、海啸、泥石流等自然灾害,这类变化通常是瞬时的、突发的,具有强烈的偶发性。

此外,根据空间实体演变的节奏,还可以将其分为离散型变化和连续型变化两类。

（1）离散型变化,指在特定时间间隔内发生显著变化,例如某个地块的开发、建筑物的增减等。

（2）连续型变化,指在时间上持续不断发生微小变化,例如土地的逐步侵蚀、植被的季节性变化等。

地理实体对象的时空演变过程具有以下特点:

（1）动态性。时空对象的状态和属性不断随时间变化,从而导致形态和关系的变化。

（2）复杂性。演变过程受多种因素影响,具有复杂的内在机制,包括自然因素(如气候、地质变化等)和人为因素(如经济发展、政策变化等)。

（3）时间依赖性。演变过程在时间上具有连续性,同时不同的时间段内可能呈现出不同的演变特征和速度。

（4）多维性。地理实体的演变涉及多个维度的变化,包括空间分布、属性更新和结构关系等。

（5）层次性。不同时间尺度和空间范围的演变过程可以相互影响,形成层次性的演变特征。这种层次性使得研究不同尺度的时空演变变得更为复杂。

这些特点使得时空数据模型在表征、分析和预测地理实体的演变过程中,面临诸多挑战,但同时也为决策支持提供了丰富的信息基础。

4.2　时空数据模型特点及属性

时空数据模型(Spatiotemporal Data Model)是用于描述和存储随时间变化的空间数据模型。这类模型不仅要考虑空间属性,还需要考虑时间属性,因此具有独特的特点和属性。

4.2.1　时空数据模型的概念

根据时空数据的特性可以将其抽象为"What""Where""When"三个基本要素,要素之间是相辅相成、不可分割的。"What"表示时空对象的属性,如对象属于什么类型的东西,即属性特性;"Where"表示对象的空间位置,即空间特性;"When"表示对象存在或发生的时间位置,即时间特性。因此,人们迫切需要一种技术能够对这些时空数据进行统一管理、动态处理、精确分析和快速查询,即建立合理的空间、时间和属性联合的数据模型——时空数据模型。

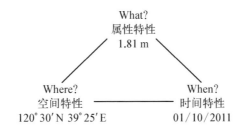

图 4‑1　时空对象空间/时间/属性的三元组模型示意图

传统的空间数据模型主要基于空间信息中的空间和属性两个维度,将实际动态变化的世界视为静态的,因此大多不支持对时间维度的处理和分析功能。这些模型将描述地理环境对象的数据看作是一个瞬时快照,当这些信息数据发生改变时,传统的空间数据模型会使用当前最新的信息数据替换已有数据,从而删除了已有数据。这种做法限制了对空间地理现象历史状态的处理与分析,无法根据历史信息为人们提供对未来事件发展趋势的预测。

随着环境监测、地籍管理、遥感动态监测、近景摄影变形监测等应用领域对空间数据时变性的重视,传统的空间数据模型已经远不能满足人们对时空数据的应用需求。因此,时空数据模型应综合、完整、准确地表征时空数据的空间特性、时间特性和属性特性,这样才能真正实现对时空数据的集成化、一体化和智能化组织管理。

时空数据模型指的是对时空数据进行建模和描述的方式或方法。它提供了一种结构化的框架,用于表示和处理时空数据中的时间和空间关联性,以帮助理解数据的特征、变化规律和趋势。时空数据模型的设计旨在捕捉时空数据中的特征和规律,使得数据可以被有效地存储、查询、分析和可视化。它经历了几个发展阶段。

(1)早期阶段。20 世纪 60 年代至 70 年代,地理信息系统的发展促进了对时空数据模型的研究。在这个阶段,主要关注地图数据的存储、查询和分析。早期的时空数据模型主要基于层次结构、坐标索引和空间关系模型等概念,如坐标列表(coordinate list)模型和拓扑结构(topological structure)模型。

(2)概念和逻辑模型阶段。20 世纪 80 年代至 90 年代,研究者们开始提出更宏观和抽象的时空数据模型,以支持更复杂的空间和时间关系。这一阶段主要集中在对概念和逻辑模型的研究,如事件模型、对象模型、时间地理数据库模型等。同时,也出现了一些空间查询语言和时空操作的研究成果。

(3)实现和应用阶段。21 世纪初,随着计算能力和存储技术的不断提高,时空数据模型开始进入实际应用阶段。这一阶段主要关注如何实现和应用时空数据模型,以解决实际问题。研究者们提出了基于对象关系的时空数据库模型、网格数据模型、时空数据立方体模型等,并开始探索分布式时空数据管理和大规模时空数据处理的方法。

(4)多源和大数据阶段。近年来,随着大数据和开放数据的兴起,时空数据模型面临新的挑战。研究者们开始关注多源时空数据的整合和融合,以及如何应对大规模、高维、实时的时空数据处理。同时,数据挖掘、机器学习和人工智能等技术也被引入时空数据模型的研究中,以支持更复杂的分析和预测。

总体而言,时空数据模型的发展经历了从早期的地理信息系统到现代的大数据和人工智能时代的演进。研究者们通过不断创新,逐步完善了时空数据模型的理论基础和应用方法,为时空数据的存储、查询、分析和可视化等领域作出了重要贡献。未来,随着技术的进一步发展和数据需求的增加,时空数据模型将继续迭代和演进。具体而言,时空数据模型需要具备以下能力:

(1) 时间维度的支持。能够记录和处理地理对象随时间的演变过程,支持历史查询和时间序列分析。

(2) 动态更新。在数据更新时,能够保留历史状态,避免数据丢失,以支持多时间点的查询和分析。

(3) 维特性表征。同时表征空间、时间和属性三方面的特性,提供全面的时空数据表达。

(4) 历史与预测分析。通过分析历史数据,能够提供基于时间变化的预测模型,为未来事件的发展趋势提供支持。

(5) 集成与智能化。支持多源数据集成,提供智能化的数据管理和分析功能,满足复杂应用需求。

4.2.2　时空数据模型的属性

时空数据模型的属性包括如下方面:

(1) 时间维度。时空数据模型需要考虑时间的变化和演化。时间维度可以包括离散的时间点、时间段或时间序列,用于表示数据在不同时间的状态、变化和趋势。

(2) 空间维度。时空数据模型需要考虑空间的相关性和依赖性。空间维度可以包括点、线、面、体等不同的几何元素,用于表示数据在不同空间位置上的分布和关系。

(3) 时空属性数据。时空数据模型需要考虑与时间和空间相关的属性数据。属性数据包括数值型、分类型或文本型数据,用于描述时空数据在时间和空间上的特征和状态。

(4) 空间拓扑关系。时空数据模型需要考虑空间对象之间的拓扑关系,例如邻近关系、包含关系和相交关系等。这些关系可以用于数据查询、分析和空间推理等操作。

(5) 空间参考系统。时空数据模型需要考虑数据的空间参考系统,即空间坐标系和地理坐标系。空间参考系统可以帮助确定时空数据在地球表面的位置和相互间的位置关系。

4.3 时空数据模型的类型

时空数据模型是描述和组织时空数据的方法和结构。它提供了一种表示和操作时空信息的框架,使得我们可以更好地理解和分析数据的时空特征和关联性。以下是几种常见的涉及时空数据的模型。

(1)时空关系模型。它用于描述时空对象之间的关系和相互作用。它可以表示空间位置的关联、时间序列的相关性以及时空对象之间的空间邻近关系等。常见的时空关系模型包括莫兰指数、G 统计量等,用于测试数据的空间自相关性和空间关联性。

(2)时空事件模型。它用于描述和模拟动态的时空事件的发生和传播过程。它将时空事件表示为一系列带有地理位置和时间戳的事件点,以及相关的属性信息。时空事件模型常用于分析交通流量、人口迁移、疫情传播等动态变化的事件数据。

(3)时空网络模型。它描述了时空数据在网络结构中的相互作用和传播过程。它以网络的拓扑结构为基础,将时空数据和网络结构相结合,用于分析交通网络、通信网络、社交网络等。时空网络模型可以帮助我们理解数据的流动性、网络的性能和影响因素等。

(4)时空立体模型。它用于描述具有三维位置和时间属性的时空数据。它分别考虑了物体的空间位置、高度和时间维度,用于描述大气、海洋、地质等领域的时空数据。时空立体模型可以提供更丰富的时空信息,适用于分析三维变化和交互的数据。

(5)时空演变分析模型。它是一种研究时空数据随时间和空间变化的方法。它结合了时序分析和空间分析的技术,旨在识别、描述和解释随时间演变的空间模式和趋势。时空演变分析通过对时空数据集进行统计、建模和可视化,帮助我们理解和解释地理现象、环境变化和社会动态。它可以应用于各种领域,如城市规划、环境监测、交通管理、气候变化研究等。

这些时空数据模型在不同领域和应用中都起到了重要作用,选择适合的模型可以更好地理解和分析时空数据的特征和关系。在时空演化分析中,随着时间的推移,数据的统计特性会发生变化,即数据的均值、方差或协方差随时间发生变化。非平稳性会影响时空模型的建立和分析结果的准确性。我们可以根据具体需求和问题结合多种模型,构建更复杂、更系统的时空数据分析模型:基于栅格的时空数据模型,基于矢量的时空数据模型,基于时间的时空数据模型,以及基于对象的时空数据模型。

4.3.1　基于栅格的时空数据模型

栅格型时空模型是建立在栅格数据基础上的,典型的模型有序列快照模型和离散格网单元列表模型等。

4.3.1.1　序列快照模型

序列快照模型通过在不同时间点捕捉地理现象的快照来记录其时空演变,根据需要对指定时间片段进行播放,如图 4-2 所示。这种模型的优点如下:一是可以直接在当前的地理信息系统软件中实现;二是当前的数据库总是处于有效状态。虽然易于在现有 GIS 软件中实现并保持数据的有效性,但这种方法会导致大量数据冗余,尤其是在数据频繁变化和数据量庞大的情况下,会严重影响系统效率,并且难以直接比较不同时间点的变化和处理复杂的时空关系。

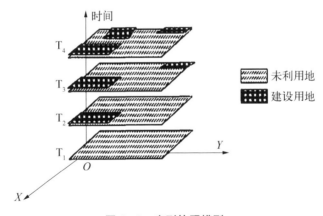

图 4-2　序列快照模型

4.3.1.2　离散格网单元列表模型

离散格网单元列表模型的核心思想是以变长列表形式存储格网单元及其时空变化。每个格网单元的列表元素对应该位置上的一次时空变化。当需要获取特定时刻的状态时,只需提取相应时刻各个格网单元列表的元素。

相对于快照模型而言,离散格网单元列表模型在一定程度上减少了数据冗余,从而节省了存储空间。因为它只存储了每个格网单元的变化信息,而不是每个时刻的完整状态。然而,与快照模型相比,离散格网单元列表模型仍然存在某些相似的缺点。其中一个主要缺点是,当要回溯到较早的时刻时,需要遍历时间序列上的每个时刻,提取各个格网单元列表中对应的元素,这可能导致计算性能的降低。此外,离散格网单元列表模型对于时空数据的分析和查询仍然面临与快照模型类似的挑战。例如,要回答某个特定时刻的整体状态或针对特定区域的聚集性等问题,需要进行额外的计算和处理,如图 4-3 所示。

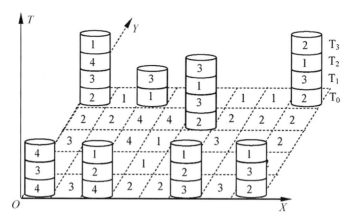

图 4-3　离散格网单元列表模型

4.3.2　基于矢量的时空数据模型

矢量型时空数据库模型是建立在矢量数据模型基础上的,是具有时间维度的数据库模型。其中,基态修正模型和时空复合体模型是两种代表性的模型。

4.3.2.1　基态修正模型

基态修正模型是为了解决快照模型中记录未发生变化部分的特征重复存储的问题而提出的。该模型按照预设的时间间隔进行采样,仅存储某个时刻的数据状态(基态)以及相对于基态的变化量。它基于起始时刻的地图逐步修正,并以增量形式存储后续时刻对象的变化。基态修正模型保证了地理对象的完整性,并且可以直接检索对象的变化历史。但是,变化信息是基于图层的,时间以图层属性的形式存在,不支持对象时态拓扑关系的运算。

基态修正模型通过存储基态和变化量来记录时态变化,具有较好的历史数据管理能力,但对于时态拓扑关系的运算支持有限。时空复合体模型较为复杂,能够处理复杂的时态拓扑关系变化,但相应的数据管理和查询可能较为复杂。关于适合模型的选择,应根据具体应用需求和数据特点进行评估。如图 4 - 4 所示,相对于序列快照模型来说,基态修正模型确实能够节约存储空间并方便查询变化。它只存储基态和变化量,避免了每次记录未发生变化部分的重复存储,从而减少了对存储空间的占用。此外,通过记录增量变化,利用基态修正模型查询对象的变化历史也相对容易。然而,基态修正模型在处理事件的整体和历史过程查询时较为烦琐。由于它是基于起始时刻的地图逐步修正的,并以增量形式存储后续时刻对象的变化,因此要回溯到较远的过去状态时,需要对整个历史状态进行检索,这会导致效率较低。此外,基态修正模型相对较难处理给定时刻时空对象之间的空间关系。因为变化信息是基于图层的,时间以图层属性的形式存在,不支持对象时态拓扑关系的运算。如果需要进行空间关系的查询和分析,可能需要进行额外的处理。

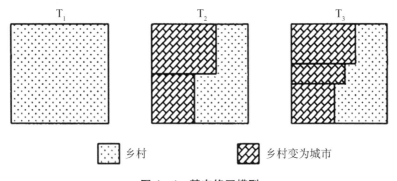

图 4 - 4　基态修正模型

　　因此,在选择模型时,需要权衡存储空间、变化查询方便性以及整体和历史过程查询效率等因素。对于需要处理复杂时态拓扑关系和严格要求查询效率的场景,可能需要考虑其他模型或方法来满足需求。

4.3.2.2　时空复合体模型

　　时空复合体模型支持对象的时间和空间关系运算,能够处理时态拓扑关系变化复杂的问题。该模型是克里斯曼(Chrisman)于 1983 年针对矢量数据提出的,朗格兰(Langran)和克里斯曼于 1988 年对它进行了详细描述。它是一种较为复杂的矢量型时空数据库模型。它将空间要素、时间要素和属性要素综合在一起,形成时空复合体对象。通过建立复合体对象的时态拓扑关系,可以对不同时刻的对象及其拓扑关系进行有效管理和查询。

时空复合体模型通过将空间划分为具有统一时空进程的最大公共时空单元,为地理现象的时空演变提供了一种精细的表达方式。在这一模型中,每个时空对象的任何变化都会在整个空间范围内产生一个新的对象版本。这些新对象将包含原始对象在空间上的所有变化部分,而变化部分的历史则作为其时态属性被记录下来。时空单元的时空进程可以通过关系表来详细表示,当一个时空单元发生分裂时,新增的空间单元通过在关系表中添加新的元组来体现。这种设计方法保留了随时间变化的空间拓扑关系,并且所有更新的特征都会被整合到当前的数据集中,随之生成新特征之间的交互和新的拓扑关系。

在时空复合体模型的数据库操作中,对标识符的修改是一个复杂的过程,因为它涉及多层次的关系链,需要逐层回溯并更新标识符。模型的构建起点是一个基图,它定义了实体的初始状态。每次数据库更新都会生成一个新的覆盖层,一旦通过错误检查并得到验证,这个覆盖层就会通过叠加操作与现有系统合并。在这个过程中,由新节点和线段形成的多边形在属性历史上会与其相邻的多边形有所区别。每个实体的属性历史通过一个有序的记录列表来表示,其中每个记录不仅包含属性集,还标注了属性的有效期时间,从而为时空数据分析提供了丰富的历史信息。

时空复合体模型在将空间变化和属性变化映射为空间变化,因此它可以看作是序列快照模型和基态修正模型的折中模型。然而,时空复合体模型也存在一些缺点,主要表现为多边形碎片化和对关系数据库的过度依赖。由于每次更新都会生成新的实体,可能导致数据库中出现大量碎片化的多边形,这可能对数据管理和查询产生一定的挑战。另外,时空复合体模型可能过度依赖关系数据库,使得数据库设计和操作复杂化。

因此,在使用时空复合体模型(见图4-5)时,需要权衡其优势与限制,并针对具体应用场景选择合适的模型来满足需求。

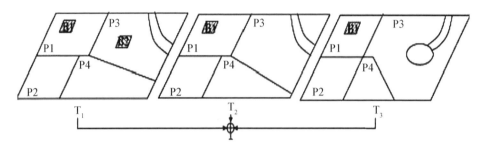

图4-5 时空复合体模型

4.3.3　基于时间的时空数据模型

基于时间的时空数据模型是从时间角度上来考虑空间对象,主要有时空立方体模型和基于事件的模型两种。

4.3.3.1　时空立方体模型

时空立方体模型(见图 4-6)是一种从时间维度审视空间对象的新方法。这一模型通过一个三维结构呈现,包括二维的空间几何位置和一维的时间轴。它详细描述了二维空间对象随时间进展的演变过程。在该模型中,通过在任意时间点切割三维立方体,可以获得一个对应的二维截面,从而反映出现实世界在该时刻的平面几何状态。每个空间实体随时间的变化历史可以在时空立方体中表现为一个连续的实体,这一模型借助时间维度的几何特性,直观地表达了空间实体作为时空实体的概念,使得地理变化的描述变得简洁明了,更易于理解和接受。

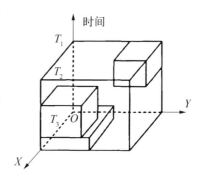

图 4-6　时空立方体模型

然而,时空立方体模型在实际操作中面临着一些挑战。首先,随着数据量的增长,三维立方体的表达和操作复杂度急剧增加,这使得处理大规模时空数据变得困难。其次,该模型需要依赖于高维数据结构,这对数据存储和查询提出了更高的要求,从而增加了实现的复杂性。因此,尽管时空立方体模型在理论上具有明显优势,但在实际应用中需要进一步的技术创新和优化,以克服这些实现上的难题。

4.3.3.2　基于事件的时空模型

基于事件的时空模型(ESTDM)是另一种基于时间的时空数据模型,如图 4-7 所示。许多研究人员在时空数据模型中研究事件。在 1995 年,佩克奎特(Peuquet)和杜安(Duan)提出了基于事件的时空数据模型。

在 ETSTDM 中,事件代表状态的变化,通过事件序列和时间轴来表示时空变化的过程。克拉芒(Claramunt)和特里亚尔(Theriault)将事件视为描述过程的集合,过程通过对象来描述事件和实体的变化。艾伦(Allen)提出了一种称为"因果模型"的方法,将事件视为目标状态的改变。在基于事件的时空模型中,时空对象的状态变化是由相应的地理事件触发的。通过引入事件表,将相互关联

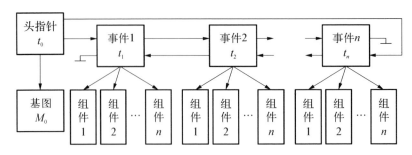

图 4-7 基于事件的时空数据模型

的属性或空间变化记录在同一个事件的各个组件中,可以显式、有序地表示时间,并建立起对象状态与地理事件之间的拓扑关系,为高级的时态操作提供了基础。基于事件的时空模型非常适合处理类似"在某一时间段某一地理区域中发生了什么事件"的查询问题,同时能够保持数据的内部一致性和较小的数据冗余。

然而,基于事件的时空数据模型也存在一些缺点。首先,对于栅格数据的存储,采用的游程编码的压缩方法效率不高,这对栅格数据的存储来说是重要且致命的问题。其次,当属性变化的种类较多时,每个时间点都会带有多个组件,不方便存储和管理。此外,模型中没有明确指出如何确定或找到在任意两个时间段内发生属性值变化的栅格,从而获得"现在图"需要多次图形叠加,效率较低。

总的来说,基于事件的时空数据模型是一种语义和概念上的模型,与实际应用还有一定的距离。在实际使用时,需要仔细权衡其优缺点,并根据具体需求选择合适的时空数据模型。

4.3.4 基于对象的时空数据模型

基于对象的时空数据模型(见图 4-8)是一种采用面向对象理念来组织地理时空数据的先进模型。在这种模型框架下,每个地理对象被视为一个独立封装的、具有唯一标识的概念实体。这些实体不仅封装了自身的时态特性、空间特性和属性特性,而且还包含了与其他对象相关的操作和关系。

此模型以三维时空特征为核心,将传统的空间对象通过整合时间维度信息扩展为完整的三维时空对象。这种设计不仅使得数据结构更为简洁,而且充分利用了面向对象的软件技术,为时空数据模型的扩展和时态操作提供了便利。

尽管基于对象的时空数据模型拥有诸多优势,但目前纯粹采用这种模型的系统还相对较少,且该模型在理论上仍存在一些问题需要进一步解决。例如,这

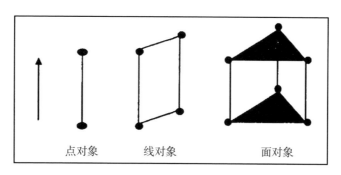

点对象　　　线对象　　　　面对象

图 4‑8　基于对象的时空数据模型

种模型尚未充分考虑地理现象的时空特性及其内在联系,同时缺乏对地理实体或现象的显式定义和基本关系描述。这些问题的解决将有助于进一步提升基于对象的时空数据模型的实用性和有效性。

4.4　时空聚类算法及其应用

时空聚类分析是一种将时间和空间数据结合起来进行聚类的方法。它的目标是根据数据中的时空属性,将相似的数据点划分到同一类别中。时空聚类分析通常用于研究时空数据的分布规律和特征,以及发现其中的聚集模式和空间关联。例如,可以利用时空聚类分析来识别城市中的热点区域,发现人群迁徙的模式,或者分析气象数据中的空间相关性等。时空聚类分析在城市规划、交通管理、环境监测等领域有着广泛的应用,可以帮助决策者发现潜在问题,制定有效的政策措施,并促进城市的可持续发展。依据时空数据的类型,时空聚类分析方法大致可以分为时空事件聚类分析、时空地理参考变量聚类分析、地理参考时间序列聚类分析、移动目标聚类分析及时空轨迹聚类分析。

4.4.1　时空事件聚类分析

4.4.1.1　时空事件聚类分析的定义

时空事件聚类分析是一个非监督分类的过程,可表达为:依据一定的相似性准则将时空实体划分成一系列较为均匀的子类(即时空簇),同一类实体的相似度要尽可能大于不同类的实体的相似度。时空实体聚类分析可以形式化描述为：令 $\mathbf{STD} = \{p_1, p_2, \cdots, p_N\}$ 表示一个包含 N 个实体的时空数据集,根据一定的相似性准则将 $\mathbf{STD}$ 划分为 $k+1(k \geqslant 1)$ 个子集,即 $\mathbf{STD} = \{C_0, C_1, C_2, \cdots, C_k\}$；其中,$C_0$ 为噪声,$C_i(i \geqslant 1)$ 为时空簇,且需要满足以下条件：

(1) $\bigcup_{i=0}^{k} C_i = \mathrm{STD}$；

(2) 对于 $\forall C_m, C_n \subseteq \mathrm{STD}, m \neq n$,需同时满足：

① $C_m \bigcap C_n = \Phi$；

② $\mathrm{MIN}_{\forall p_i, p_j \in C_m}[\mathrm{Similar}(p_i, p_j)] > \mathrm{MAX}_{\forall p_x \in C_m, \forall p_y \in C_n}[\mathrm{Similar}(p_x, p_y)]$,这里 $\mathrm{Similar}()$ 表示相似性度量函数。

时空事件聚类分析的一般过程可以描述为以下四个步骤：

(1) 时空数据清理。首先对时空事件数据进行清理,去除重复、错误和不一致的记录,确保数据的质量和一致性。

(2) 相似性度量准则定义。在聚类分析中,需要定义适用于时空数据的相似性度量准则。一种常见的方法是使用距离函数(如欧氏距离)来度量实体之间的接近性。另一种方法是使用密度的定义来描述实体的相似性。在时空聚类分析中,传统的距离度量准则可能不适用于描述时空实体之间的相似性,而密度的概念则可以直接适用。

(3) 时空聚类分析。根据选择的相似性度量准则,对时空事件数据进行分组和聚类。常用的聚类算法包括基于密度的聚类方法(如 DBSCAN、OPTICS)、基于网格的聚类方法(如 STING、CLIQUE)以及基于流形的聚类方法(如 SPECTRAL 聚类)等。

(4) 聚类结果有效性评价。根据一定的评价准则(如内部评价法、外部评价法和相对评价法),选取最优的聚类结果。内部评价法通过计算聚类的紧密性和分离性来评估聚类的质量。外部评价法通过将聚类结果与已知的真实类别进行比较来评估聚类的准确性。相对评价法则通过比较不同算法或参数设置下的聚类结果来评估聚类的相对优劣性。

通过以上的步骤,时空事件聚类分析可以帮助我们理解时空数据的分布规律、发现聚集模式和空间关联。

4.4.1.2 时空事件聚类分析方法分类

根据聚类思想的差异,现有的时空事件聚类分析方法可以大致分为以下三种类型。

（1）时空扫描统计。时空扫描统计方法是一种检测聚集现象的方法。它通过定义一个扫描窗口，在时空维度上移动窗口并计算窗口内事件的统计特征，以确定是否存在显著的聚集区域。常见的时空扫描统计方法包括 Kulldorff 的空间扫描统计、Tango 的时空扫描统计等。

（2）时空密度聚类。时空密度聚类方法是将时空事件视为由高密度和低密度区域组成的复杂结构。这些方法通过定义密度函数来描述数据点的密度，并基于密度的变化情况将数据点划分到不同的簇中。常见的时空密度聚类方法包括基于密度的聚类空间应用算法（DBSCAN）、时空密度聚类算法（ST-DBSCAN）等。

（3）时空混合距离。时空混合距离方法结合了时空距离和属性距离的概念，将事件的时空位置和其他属性考虑在内，综合度量事件之间的相似性。这些方法通过计算事件之间的混合距离或相似性来判断它们是否应该被归类到同一簇内。常见的时空混合距离方法包括时空信息网格聚类算法（STING）、基于网格的聚类算法（CLIQUE）等。

4.4.2　时空事件聚类方法

时空扫描统计旨在探测一定时空范围内的聚集性，即与随机分布模式比较，是否存在显著增加，并确定聚集性最可能异常的时空事件集合。

1）时空扫描统计量

2001 年，库尔多夫（Kulldorff）在空间扫描统计的基础上进一步提出了时空扫描统计的方法，用于探测传染病的时空聚集模式。该方法首先定义一系列以空间距离为半径，时间间隔为高的圆柱形时空扫描窗口。然后，针对每个扫描窗口，在泊松分布假设的前提下，依据人口数与总发病数计算理论发病数，表达式为：

$$\mu(Z) = \frac{m_Z}{m_G} \cdot n_G \qquad (4-1)$$

式中，$\mu(Z)$ 表示随机假设下时空窗口 Z 中的预期发病数；m_Z 表示时空窗口 Z 中的人口数；m_G 表示研究区域内的总人口数；n_G 表示研究时空范围内的总发病数。然后，根据窗口内外的理论与实际发病数构造对数似然比统计量来描述窗口内疾病异常聚集的程度，表达式为：

$$LLR = \frac{L_Z}{L_0} = \frac{\left[\dfrac{n_Z}{\mu(Z)}\right]^{n_Z}\left[\dfrac{n_G - n_Z}{\mu(G) - \mu(Z)}\right]^{n_G - n_Z}}{\left[\dfrac{n_G}{\mu(G)}\right]^{n_G}} \qquad (4-2)$$

式中,LLR 表示对数似然比统计量;L_Z 表示窗口 Z 的似然函数值;L_0 表示随机假设下得到的似然函数值;n_Z 为窗口 Z 内的实际发病数;$\mu(G)$ 表示总的预期发病数,$\mu(G) = \sum \mu(Z)$。

最后,采用蒙特卡罗模拟法生成随机模拟数据集,采用与实际数据相同的方法计算 LLR,对扫描窗口的显著性进行检验,寻找最异常的窗口。

时空扫描统计方法具有严密的统计学基础,可以在一定程度上降低聚类分析的主观性。但是,该方法也存在一些局限性,其中包括以下问题:

(1) 形状限制。时空扫描统计方法通常采用固定形状的扫描窗口,导致其趋向于发现近似球型的聚集结构。这意味着它可能无法有效识别其他形状的聚集模式,如线状或异型聚集。

(2) 偏倚估计。求解时空扫描统计量的过程相当于求解一个极大似然估计,其中只有似然窗口的估计是无偏的,而对其他聚集窗口的估计存在偏倚。这可能导致难以发现多个聚集结构,特别是那些与似然窗口形状不同的聚集模式。

为应对这些限制,近年来有研究者对时空扫描统计方法进行了改进。例如,高桥(Takahashi)等人在 2008 年对扫描窗口的形状进行了扩展,使其能够更好地捕捉非球状的聚集结构,提高了对非球型簇的探测能力。2011 年,坦戈(Tango)等人进一步拓展了时空扫描统计方法在探测局部突发性聚集模式中的应用,考虑了期望发病数随时间的变化,使其更加适应实际数据的动态性。

这些改进使得时空扫描统计方法在识别不同形状和动态变化的聚集模式方面具有更广泛的应用能力,进一步提高了其在时空聚类分析中的有效性和准确性。然而,我们仍然需要根据具体的研究目标和数据特点选择合适的方法,并结合其他方法来获得更全面的分析结果。

2) 时空重排扫描统计量

Kulldorff 等人在 2005 年进一步提出了一种不依赖人口数据的时空重排扫描统计量。相对于传统的时空扫描统计量,时空重排扫描统计量在概率模型上存在一些不同之处。时空重排扫描统计量的独特之处在于它引入了随机性来评估观察到的聚集性是不是由随机分布偶然产生的。该方法通过生成大量的随机模拟数据集与观察数据集进行比较,从而计算出一个关于极端程度的 p 值。具体来说,时空重排扫描统计量的计算过程如下:第一,选择一个合适的概率模型来代表事件的空间分布。常见的模型包括泊松模型、伯努利模型等。第二,在观察数据集上计算原始的聚集统计量,如 Kulldorff 的扫描统计量。这个统计量度量了聚集区域的异常程度。第三,生成一系列随机模拟数据集,每个数据集的事件位置是根据所选的概率模型生成的。第四,在每个随机模拟数据集上计算聚集统计量,并与原始统计量进行比较。第五,根据随机模拟数据集中高于或等于原始统计量的比例,计算出一个 p 值,用于衡量观察数据集中聚集的显著性。

就疾病而言,时空窗口内的实体数目服从超几何分布,并可以根据超几何分布的特征计算每个扫描窗口 Z 中的预期发病数 $\mu(Z)$,表达式为:

$$\mu(Z) = \sum_{(z,\, d) \in Z} \left[\frac{1}{n_G} \left(\sum_z n_{zd} \right) \left(\sum_d n_{zd} \right) \right] \tag{4-3}$$

式中,n_G 表示研究时空范围内的总发病数;n_{zd} 表示在空间范围 z、时间点 d 上发生的事件数目。

进一步地,时空扫描统计采用泊松近似,构造泊松广义似然比统计量,用以衡量扫描窗口中实体的聚集程度,即

$$\mathrm{GLR} = \left(\frac{n_Z}{\mu(z)} \right)^{n_Z} \left[\frac{n_G - n_Z}{n_G - \mu(Z)} \right]^{n_G - n_Z} \tag{4-4}$$

式中,n_z 为窗口 Z 内的实际发病数。

最后,时空重排统计量同样采用蒙特卡罗模拟方法对最大似然聚集窗口进行假设检验。时空重排统计量与传统的时空扫描统计量具有类似的优缺点,其最大的不同在于仅依据病例数据即可进行聚类,这对于疾病早期预警及人口数据缺失区域的情况是一个重要的优势。

4.4.3　时空密度聚类

时空密度聚类是空间密度聚类在时空域上的扩展,它采用密度作为实体间相似性的度量标准,将时空簇视为一系列被低密度区域(噪声)分割的高密度连通区域。

1) ST‑DBSCAN 与 ST‑GRID

2006 年,王(Wang)等人在 DBSCAN 算法的基础上进一步考虑了时间维,发展了一种基于密度的时空聚类方法 ST‑DBSCAN。2007 年,布兰特(Birant)

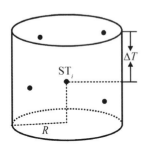

和库(Ku)亦提出了类似的时空聚类方法,所不同的是,他们的方法还可以进一步考虑非空间属性的相似性。ST‑DBSCAN 方法的主要扩展在于采用与时空扫描统计方法类似的时空邻近域去估计时空实体的密度。如图 4‑9 所示,时空实体 ST_i 的时空邻近域定义为一个以 R 为底面半径,$2\triangle T$ 为高的圆柱体,ST_i 的密度定义为时空邻近域内实体的数目。ST‑DBSCAN 算法的其

图 4‑9 时空邻近域

他定义,如直接密度可达、密度可达、密度连接等概念均与 DBSCAN 算法相同。图 4‑10 给出了 ST‑DBSCAN 算法聚类的基本过程。由于考虑了时间维,ST‑DBSCAN 算法需要 3 个聚类参数:空间半径 R,时间窗口 $\triangle T$ 以及密度阈值 $MinPts$。前两个参数用于确定时空邻近域。

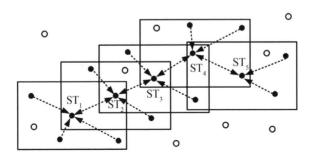

图 4‑10 时空密度连接(水平视角)

ST‑DBSCAN 算法继承了 DBSCAN 算法的优良性质,可以发现任意形状的时空簇,且不需对数据分布做出预先的假设。ST‑DBSCAN 算法同时也继承了 DBSCAN 算法的不足,即全局的密度阈值导致其容易忽略部分低密度的簇。此外,针对 ST‑DBSCAN 算法需要过多输入参数的缺点,经验的设置方法具体为:排序 k 最近邻距离图法确定空间半径 R 和时间窗口 $\triangle T$;$MinPts$ 一般设置为 $\ln(N)$,N 为时空实体的数目。

Wang 等人亦在格网空间聚类的基础上引入时间维,发展了一种 ST‑GRID 的方法。ST‑GRID 方法首先将时空域划分为一系列的时空立方体;其次,将高密度的时空立方体连接成簇。本质上,ST‑GRID 与 ST‑DBSCAN 具

有类似的思想,效果也类似。

2) 窗口 k 近邻方法(WKN)

2010 年,裴(Pei)等人将 k 近邻密度分解的思想引入时空域。一个时空实体的密度可以采用其窗口 k 最近邻距离进行描述,如图 4-11 所示,给定时间窗口 $\triangle T$,ST_i 的窗口 k 最近邻距离($k=4$)为 ST_i 与其窗口 k 最近邻 ST_j 的空间距离。如果假设数据集由 2 个强度不同的均匀泊松过程构成,强度高的表示时空簇,强度低的表示噪声,进而可将窗口 k 最近邻距离 $D_{\Delta T,k}$ 的概率密度分布描述为:

$$f_{D_{k,\Delta T}}(x)=\frac{dF_{D_{k,\Delta T}}(x)}{\mathrm{d}x}=\frac{2\mathrm{e}^{-\lambda_{\Delta T}\pi x^2}(\lambda_{\Delta T}\pi)^k x^{2k-1}}{(k-1)!} \tag{4-5}$$

式中,$\lambda_{\Delta T}$ 表示泊松过程的强度。对于整个数据集而言,$D_{\Delta T,k}$ 可以描述为一个混合的伽马分布,表达式为:

$$D_{k,\Delta T}(ST_i) \sim p\Gamma^{1/2}(k,\lambda_{\Delta T,h}\pi)+(1-p)\Gamma^{1/2}(k,\lambda_{\Delta T,l}\pi) \tag{4-6}$$

式中,p 表示时空簇与噪声的比例;$\lambda_{\Delta T,h}$ 表示时空簇部分的强度;$\lambda_{\Delta T,l}$ 表示噪声部分的强度。

借助期望最大化算法,可以对式(4-6)进行分解,识别高密度的时空实体,进一步借助与 ST-DBSCAN 类似的密度连接策略(见图 4-11)聚集成簇。WKN 方法需要 2 个输入参数:时空近邻数目 k 及时间窗口 $\triangle T$。k 一般取 6~12,$\triangle T$ 取一系列连续的时间窗口中由期望最大算法计算获得时空簇强度最大的时间窗口。WKN 方法的应用需要满足仅包含 2 种泊松分布时空点集的先验假设。

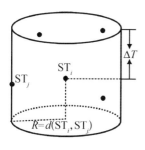

图 4-11　时空 k 近邻

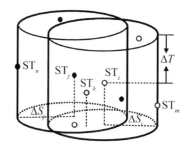

图 4-12　时空共享近邻

3) 时空共享近邻方法(STSNN)

2012 年,刘(Liu)等人将共享邻近的概念引入时空聚类分析,结合窗口 k 最近邻近,进一步定义了时空共享邻近。如图 4-12 所示,ST_i 与 ST_j 的窗口 k 邻近内($k=4$)都包含了 ST_k，则称 ST_k 为 ST_i 与 ST_j 的一个时空共享邻居。若 ST_j 在 ST_i 的窗口 k 近邻内，且 ST_j 与 ST_i 的时空共享邻近数大于给定阈值 k_T，则称 ST_j 为 ST_i 的一个有效邻居。STSNN 方法采用实体的有效邻居数目来定义其时空密度。采用时空共享邻居的方法来定义时空密度相当于实现进行了一次归一化操作，使得密度的差异仅有簇内与簇外的区别。因此，仅采用一个全局的密度阈值 $MinPts$ 即可区分不同密度的时空簇。

可以看出，与 ST‐DBSCAN 及 WKN 方法相比，STSNN 方法更适于发现不同密度的时空簇。但是 STSNN 方法所需要的参数也相应增多，共需设置 4 个参数：窗口邻居数目 k、时间窗口 $\triangle T$、共享邻近实体数目阈值 k_T 和密度阈值 $MinPt$。这里推荐将 k_T 与 $MinPt$ 均设为 k 的一半。

4.4.4　时空混合距离方法

时空混合距离方法是从地震聚集模式中提取发展的一种特殊的方法，其主要思想在于融合时间、空间与震级等参数定义时空事件间的时空混合距离，并据此进行聚类分析。1990 年，沃德劳（Wardlaw）等人定义了一种时空混合距离，并采用单链接算法进行地震聚集模式的识别：

$$D_{ST}(i, j) = \sqrt{{r_{ij}}^2 + C^2 (\triangle T_{ij})^2} \qquad (4-7)$$

式中，r_{ij} 表示空间距离；$\triangle T_{ij}$ 表示时间间隔；C 表示人为制定的时空转换参数。

2008 年，扎利亚宾（Zaliapin）等人进一步融合震级参数定义了一种时空混合距离，表达式为：

$$D_{ST}(i, j) = c\triangle T_{ij} r_{ij}^d 10^{-b(m_i - m_0)} \qquad (4-8)$$

式中，m_i 表示事件 i 的震级；r_{ij} 表示空间距离；$\triangle T_{ij}$ 表示时间间隔；d 表示地震震中维度；c,b,m_0 均为人为制定参数。Zaliapin 等人推导了最邻近时空距离的概率密度分布形式，并依据混合距离分布的双峰模式识别地震聚集。

由式（4‐7）与式（4‐8）可以发现，时空混合距离的定义需要较强的背景知识，并应用于特定的领域（如地震聚集分布识别），难以发展一种具有普适性的方法。

4.4.5　结论与展望

时空事件聚类分析作为时空数据挖掘的一个研究热点和前沿技术，在地球信息科学、计算机科学、卫生统计学及资源环境科学等诸多领域都具有广泛应用和重要价值。本章首先回顾了当前时空事件聚类分析方法,进而从聚类质量和用户操作的简便性 2 个方面,设计了针对性的实验,分析比较了 4 种具有代表性的时空事件聚类分析方法(时空重排扫描统计、ST – DBSCAN,WKN 及STSNN)的实际表现。

通过实际分析发现,近 10 年来,时空聚类分析虽取得了一定的进展,但现有时空聚类算法仍然存在 2 个具有挑战性的难题:① 聚类质量与用户操作的矛盾,如何识别不同密度、形状复杂的时空簇依然是现有时空聚类方法的短板。虽然有些方法可以识别这些复杂的时空簇(如 STSNN),但是需要过多的参数设置,不利于用户的实际操作。由于实际应用中,一般缺乏必要的先验信息,设计易用、高效、高质量的聚类算法依然需要持续的研究。② 聚类结果的统计描述,如何从统计上对聚类获得的时空簇进行描述依然是现有方法所不具备的。时空扫描统计方法实际仅对最似然簇的假设检验是无偏的,因此需要进一步发展更严密的聚类结果统计描述方法,辅助最终决策。笔者认为,上述两方面内容将是时空事件聚类方法研究的 2 个重要方向,需要引起充分的重视。对于现有时空事件聚类方法的应用,笔者推荐采用多种方法交叉验证的方式,以降低单一方法、不同参数带来的不确定性。

4.5　时空挖掘算法及其应用

空间和时间是现实世界最基本、最重要的属性,许多空间应用系统都需要表达地学对象的时空属性,例如在地理位置变更、环境监测、城市演化等领域都需要管理历史变化数据,以便重建历史、跟踪变化、预测未来。面向对象的技术是用在软件设计中的一种方法,它用在时空数据表达中主要是为了克服给定实体的空间或非空间属性在不同时间不同频率变化而出现的复杂问题。下面从KNN、RNN、SkyLine 3 种时空数据分析算法出发,论述时空数据分析算法的应用。

4.5.1　KNN 分析算法的基本概述及应用分析

KNN 算法是非参数回归模型的基本算法之一,通过在状态空间中搜索与待

测点 X 相近的 k 个样本 (X_i, Y_i) 估计 $g_n(x)$，因此又称为 k 最近邻非参数回归，其预测函数可表示为：

$$Y = g(X) = \sum_{i=1}^{k} W_i(X; X_{k_1}, \cdots, X_{kk})Y_i = \sum_{i=1}^{k} k_i Y_i \qquad (4-9)$$

其中 X_{k_1} 表示与 x 距离最近的点，并赋予权值 k_1；X_{k_2} 则被赋予权值 k_2；以此类推，得到 k 个权函数 $k_1, k_2, \cdots, k_k$，满足：

$$k_1 \geqslant k_2 \geqslant \cdots \geqslant k_k \geqslant 0, \sum_{i=1}^{k} k_i = 1 \qquad (4-10)$$

KNN 算法通过计算样本个体之间的距离或者相似度来寻找与每个样本个体最相近的 K 个个体，在这个过程中需要完成一次样本个体的两两比较，因此，算法的时间复杂度跟样本的个数直接相关。

K 最近邻算法通常情况下是用于分类的，这只是对 K 近邻算法用途的本质说明。从实际来看，K 近邻算法可以应用的领域还有很多，比如系统推荐等。简单地讲，就是挖掘出客户喜欢的同类商品，来进行相似物品的推荐。另外，区分客户群体，从而更好地为客户服务。

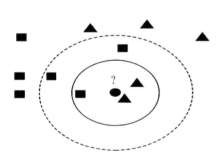

下面是 KNN 分类器构建实例。KNN 的实现分训练和识别两步。训练时，把每类样本降维后的结果作为 KNN 的输入。如图 4-13 所示，圆圈表示待识别数据所处的位置，选择 K 值为 3 时，选中实线圆中的 3 个数据，识别结果为三角形代表的类；选择 K 值为 5 时，选中虚线圆中的 5 个数据，识别结果为正方形代表的类。

图 4-13　KNN 分类器构建

智能商务中的聚类算法等，已经应用于很多系统中，比如推荐系统、文本分类系统等。这其中衍生出的产品或者项目都已经被广泛使用于电子商务领域。为了增加交易，满足不同顾客的需求，研究人员已经推出了利用消费者访问和购买行为的推荐系统，广泛应用在大的超市或者企业中。这些系统通常通过给顾客一些与他购买物品高度相关联的推荐物品，来增加购买和交易。比如亚马逊是通过偏好、用户信息和购买信息来向顾客推荐相关书籍的，且在这过程中，使用的技术并不复杂，而这不妨碍推荐系统的精确有效。

4.5.2　RNN 分析算法的基本概述及应用分析

通常,RNN 查询的定义为:给定一个数据点集合 P 和一个查询点 q,利用单色反向最近邻查询(monochromatic reverse nearest neighbor query,RNN)找出所有以查询点 q 为最近邻的数据点,即 $RNN(q) = \{p \in P \mid \exists p' \in P, d(p, p') < d(p, q)\}$,其中 d 是一个距离度量。给定 2 个数据集 P 和 Q 以及一个查询点 q,利用双色反向最近邻查询(bichromatic reverse nearest neighbor query,bRNN)找出所有的数据点 $p \in P$,满足 p 与 q 之间的距离比 p 与 Q 中任意一个点的距离都要短。

图 4-14 展示了该查询算法的一个实例,图中显示了 4 个数据点,每个数据点都对应一个限定圆,查询点 g 落在数据点 $p1$,$P2$ 对应的限定圆中,因此 $p1$,$P2$ 就是 g 的 RNN 查询结果,即 $RNN(q) = \{P1, P2\}$。

近年来,反向最近邻查询在学术界得到了深入探讨和研究,并且在诸如决策支持、资源分配等许多领域得到了广泛应用。例如利用随机神经元网络方法和辐射神经元网络方法设计分布式数据库系统,从而确定数据的物理分段方式;再如利用基于随机神经网络的时延预测模型对时延进行精确的预测,为实施网络拥塞控制、路由选择提供重要的依据。

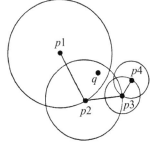

图 4-14　查询实例

4.5.3　SkyLine 分析算法的基本概述及应用分析

近年来,流数据挖掘与管理成为学术界和工业界所共同关注的问题,并且随着信息技术的不断发展和应用的不断深入,数据收集手段越来越丰富,海量存储也越来越普遍。由此,一种新的操作算子——Skyline 操作被引入了数据库领域,目的是要发现数据集中不被其他点支配的所有点的集合。随着 Skyline 计算在多标准决策系统、城市导航系统、数据挖掘和可视化、智能防御系统以及地理信息系统等领域的广泛应用,有效地在数据流上实现 Skyline 计算成为数据挖掘领域的研究热点。

一个多维数据库的 Skyline,是该数据库上不被其他任何数据点支配的点所组成的集合。数据点 p 支配点 q,当且仅当 p 在任一维上的取值都不比 q 差,且至少在一个维度上比 q 更好。Skyline 计算就是从数据库中快速、准确地找到所有的 Skyline 数据点。

数据流 Skyline 查询是目前流数据挖掘领域的一个研究热点。这种查询在多个领域具有广阔的应用前景,包括多标准决策支持、数据挖掘、用户优先选择查询、协作数据检索以及 Web 交互式系统等。Skyline 查询返回一组有意义的对象,这些对象在各个维度上都不被其他对象所控制。它支持用户在复杂的决策情况下进行选择,因此在各个领域都有着广泛的应用。近年来,为了更好地适应不同的应用环境,对 Skyline 问题的研究逐渐趋向于在具体应用环境下进行,如 Web 信息系统、分布式 P2P 网络、数据流和公路网络等。在处理数据流上的 Skyline 查询时,算法需要高效地处理到达的每个对象,并具有较低的时间复杂度。然而,现有算法对数据的去除率不足,导致在进行 Skyline 计算时需要进行重复的操作,浪费了时间和空间资源。此外,实际应用中产生的数据流通常以分布式形式出现,例如无线传感器网络中传感器节点的数据流。

为了解决这些问题,未来的研究可以集中在改进算法的去除率,减少冗余计算;同时,可以探索在分布式环境下处理数据流 Skyline 查询的方法和技术,以适应实际应用场景的需求。这将有助于提高数据流 Skyline 查询的效率和性能。

4.5.4　结语与展望

近年来,随着全球定位系统、传感器网络和移动设备等的普遍使用,时空数据急剧增加。特别是时空数据的处理方面更为复杂。因此,寻找有效的时空数据挖掘方法具有十分重要的意义。针对这一背景,本章主要围绕 KNN、RNN、SkyLine 3 种时空数据分析算法分析了其概念,对其研究的现状进行了详细介绍。

当前,时空数据挖掘的研究已吸引了来自 GIS、时空推理、数据挖掘、机器学习和模式识别等众多领域的学者,取得了诸多研究成果。与此同时,时空数据挖掘也在许多领域得到应用,如移动电子商务(基于位置的服务)、土地利用分类及地域范围预测、全球气候变化监控(如海洋温度、厄尔尼诺现象、生物量、犯罪易发点发现)、交通协调与管理(交通中的局部失稳、道路查找)、疾病监控、水资源管理、自然灾害(如台风、森林火灾)预警、公共卫生与医疗健康等时空数据挖掘研究领域,正致力于开发和应用新兴的计算技术来分析海量、高维的时空数据,揭示时空数据中的有价值知识。当然,现有的这些时空数据分析算法还处于发展阶段,随着各种信息系统的完善和飞速发展,相关研究领域必须深入研究时空数据所蕴含的巨大能量,并抓住研究的重点,对现有的算法进行创新性的改造和优化。

4.6　应用案例

时空事件聚类方法是一种用于分析和识别随时间和空间变化的事件模式的数据分析技术。此方法被广泛应用于多个领域,以帮助理解时空动态、优化资源分配和制定决策。以下是一些时空事件聚类方法的应用案例。

4.6.1　实验设计与分析

本章选取 4 种代表性的时空事件聚类方法(时空重排统计、ST‐DBSCAN,WKN 及 STSNN)进行对比试验,主要检验其在聚类质量与用户操作的简便性两方面的表现。本章从 3 个方面定义聚类质量,分别为:① 发现任意形状的时空簇;② 发现不同密度的空间簇;③ 对噪声不敏感。对于用户操作简便性的定义,主要包括:① 输入参数的数量;② 参数选择方法的准确性。

4.6.2　数据集设计

针对试验要求,本章构造了 4 组试验数据,如图 4‐15 所示,数据集 1 与数据集 2 均包含 2 个密度相同的、形状不规则的泊松分布时空簇及噪声,其中数据集 1 中时空簇与噪声的密度差异要大于数据集 2;数据集 3 中包含 2 个密度不同的时空簇,其中上面空间簇内部密度亦不均匀(密度由上到下逐渐降低)。数据集 4 中包含了 4 个不同密度、不同形状的时空簇,包含了在空间上延展及时间上延展的空间簇。数据集 1 和数据集 2 主要用于检验聚类方法发现复杂形状时空簇的能力;数据集 3 主要用于检验聚类方法发现不同密度时空簇的能力;数据集 4 主要用于检验聚类方法发现不同形状、不同密度空间簇的综合能力。

4.6.3　实验分析

4.6.3.1　探测形状复杂的时空簇
数据集 1 和数据集 2 主要用于检验聚类方法识别复杂形状空间簇的能力。

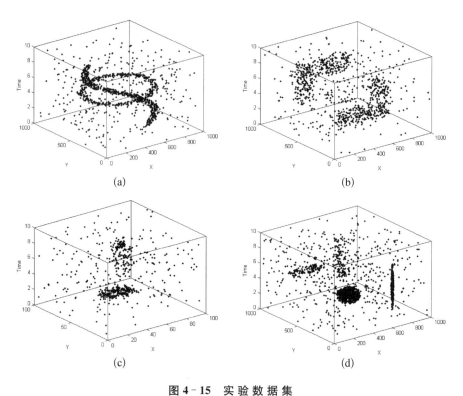

图 4-15　实 验 数 据 集

(a) 数据集 1;(b) 数据集 2;(c) 数据集 3;(d) 数据集 4

数据集 1 表示了时空簇密度较高的情况,4 种方法对数据集 1 的聚类结果如图 4-16 所示,(c)~(e)为 ST‐DBSCAN 聚类结果,(f)~(h)为 STSNN 聚类结果。从试验结果中可以发现,除了时空重排扫描统计方法,其他 3 种方法采用推荐参数设置均能较好发现 2 个时空簇,且对参数设置不敏感。

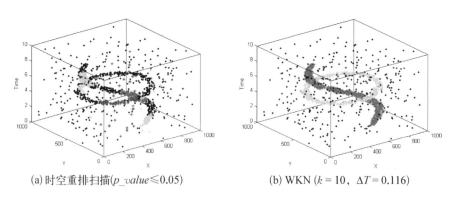

(a) 时空重排扫描($p\_value \leqslant 0.05$)　　　　(b) WKN ($k = 10$, $\Delta T = 0.116$)

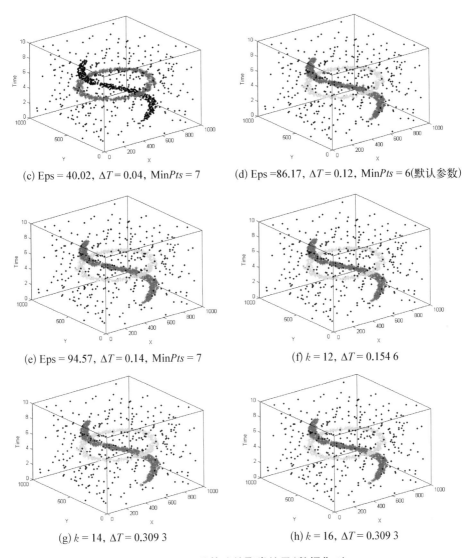

(c) Eps = 40.02, ΔT = 0.04, MinPts = 7　　　(d) Eps =86.17, ΔT = 0.12, MinPts = 6(默认参数)

(e) Eps = 94.57, ΔT = 0.14, MinPts = 7　　　(f) k = 12, ΔT = 0.154 6

(g) k = 14, ΔT = 0.309 3　　　(h) k = 16, ΔT = 0.309 3

图 4 - 16　4 种算法的聚类结果(数据集 1)

在数据集 2 中,时空簇与背景噪声的密度差异低于数据集 1。4 种方法的聚类结果如图 4 - 17 所示,(c)～(e)为 ST - DBSCAN 聚类结果,(f)～(h)为 STSNN 聚类结果,由试验结果可见:① 时空重排扫描方法依然难以准确发现 2 个时空簇;② WKN 方法能准确发现 2 个时空簇;③ ST - DBSCAN 与 STSNN 方法需仔细调整参数才能发现这 2 个时空簇,其中 ST - DBSCAN 算法在推荐参数下无法正确发现 2 个时空簇,STSNN 算法主要受时间窗口的影响较大。

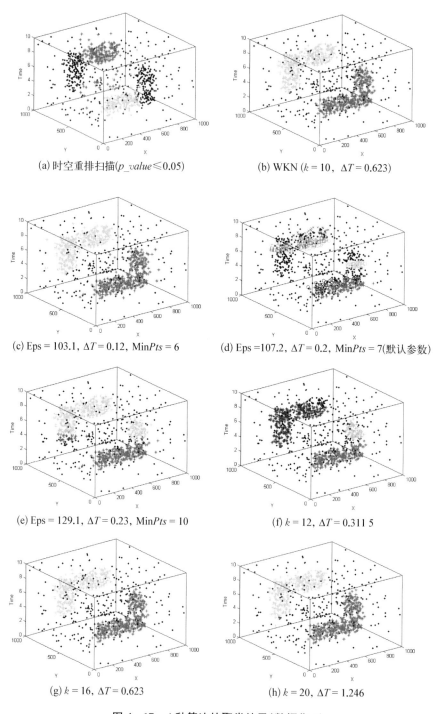

(a) 时空重排扫描($p\_value \leqslant 0.05$)

(b) WKN ($k = 10$, $\Delta T = 0.623$)

(c) Eps $= 103.1$, $\Delta T = 0.12$, Min$Pts = 6$

(d) Eps $= 107.2$, $\Delta T = 0.2$, Min$Pts = 7$(默认参数)

(e) Eps $= 129.1$, $\Delta T = 0.23$, Min$Pts = 10$

(f) $k = 12$, $\Delta T = 0.3115$

(g) $k = 16$, $\Delta T = 0.623$

(h) $k = 20$, $\Delta T = 1.246$

图 4-17　4 种算法的聚类结果(数据集 2)

4.6.3.2 探测不同密度时空簇

数据集 3 主要检验 4 种方法发现不同密度时空簇的能力。图 4-18 中展示了 4 种方法的聚类结果,(c)~(e)为 ST-DBSCAN 聚类结果,(f)~(h)为 STSNN 聚类结果,可以发现:① 时空重排统计的方法可以识别 2 个时空簇,但是同时误判了部分噪声;② WKN 与 ST-DBSCAN 方法均难以准确地发现低密度的时空簇;③ STSNN 方法通过仔细调整参数可以识别正确的时空簇。

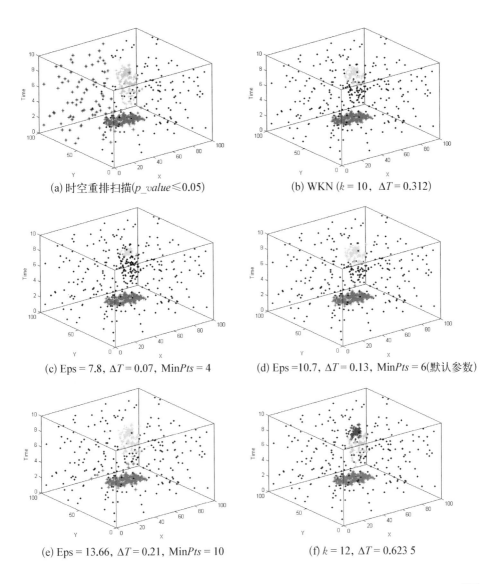

(a) 时空重排扫描($p\_value \leqslant 0.05$)

(b) WKN ($k = 10$, $\Delta T = 0.312$)

(c) Eps = 7.8, $\Delta T = 0.07$, MinPts = 4

(d) Eps =10.7, $\Delta T = 0.13$, MinPts = 6(默认参数)

(e) Eps = 13.66, $\Delta T = 0.21$, MinPts = 10

(f) $k = 12$, $\Delta T = 0.623\ 5$

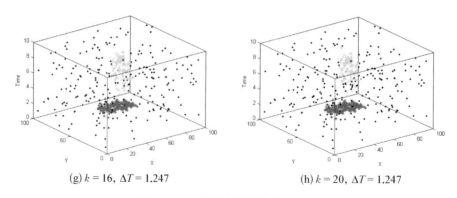

(g) $k = 16$, $\Delta T = 1.247$ (h) $k = 20$, $\Delta T = 1.247$

图 4-18　4 种算法的聚类结果(数据集 3)

综合以上试验分析可以从聚类质量与用户操作简便性两方面对 4 种方法做出如下评价:

(1)时空重排扫描统计方法的最大问题在于难以发现形状复杂的时空簇,尤其是在空间上呈线性延展的时空簇(如数据集 1 与数据集 2)。时空重排扫描统计方法对于密度不敏感,可以发现密度变化的时空簇,但是同样容易误判背景噪声。时空重排扫描统计方法通过生成大量的扫描窗口及蒙特卡罗模拟进行显著性检验,造成其效率非常低,一般不适用于大型的数据集。

(2)ST-DBSCAN 方法可以发现任意形状的时空簇,但其对于密度的变化较为敏感,尤其是当密度高的时空簇存在时,容易忽略低密度的时空簇。参数识别方法仅对于时空簇与噪声密度较大的情况有效,实际上选择合适的聚类参数仍然是一个问题。ST-DBSCAN 算法的时间复杂度大致与 DBSCAN 相当,约为 $O(n^2)$。

(3)WKN 方法本质上与 ST-DBSCAN 算法的思想相同,其最重要的改进在于能够更为准确地识别密度阈值。实际中发现 WKN 方法对于仅包含 2 种泊松分布的数据,聚类效果较好。但是,WKN 方法同样难以识别低密度的时空簇。WKN 方法的效率要低于 ST-DBSCAN。

(4)STSNN 方法可以识别不同密度、不同形状的时空簇,但其最大问题在于聚类参数的选择比较困难。尤其是时间窗口的选择对聚类结果影响较大。STSNN 方法的复杂度约为 $O(n^2)$。表 4-1 中具体展示了 4 种方法针对不同聚类问题的实际效果。

表 4-1　4 种时空事件聚类方法的比较

时空事件聚类方法	聚 类 质 量			用户操作的简便性	
	任意形状	不同密度	对噪声不敏感	参数个数	参数选择难易
时空重排统计	×	√	×	2	容易
ST - DBSCAN	√	×	√	3	困难
WNN	√	×	√	2	容易
STSNN	√	√	√	4	较难

4.7　本章小结

第 4 章深入探讨了探索性时空数据分析的理论基础和实际应用。本章首先介绍了时空数据的概念、模型特点及属性,以便读者深入理解时空数据的复杂性。通过分析时空数据的本质,本章强调了在进行数据分析前对数据进行彻底探索的重要性。

随后,本章详细介绍了不同类型的时空数据模型,包括它们的结构、优势和局限性。这些模型为分析和解释时空数据提供了多样化的工具和框架。本章还深入探讨了时空聚类算法及其应用,展示了如何通过聚类方法发现数据中的潜在模式和结构。

此外,本章还讨论了时空挖掘算法及其在各个领域的应用案例,如犯罪预测、交通流量分析等。通过这些案例,读者可以了解到如何将理论应用到实际问题中,以及如何从大量的时空数据中提取有价值的信息。

最后,本章总结了探索性时空数据分析的关键步骤和注意事项,为读者在未来的研究中提供了宝贵的指导。通过本章的学习,读者应该能够掌握探索性时空数据分析的基本方法,并能够将其应用于解决实际问题。

~~~~~~~~ 思考与练习题 ~~~~~~~~

思考题：

1. 探索性时空数据分析在理解复杂数据集时的作用是什么?

2. 时空数据模型的特点对于数据分析和解释的影响有哪些?

3. 与传统聚类算法相比,时空聚类算法有哪些优势和局限性?

练习题:

1. 收集并整理一组时空数据,并尝试进行探索性数据分析。

2. 使用 DBSCAN 算法对时空数据进行聚类,并解释聚类结果。

3. 选择一个实际问题,尝试构建并应用一个时空挖掘算法。

时空常系数回归模型

空间计量经济学是计量经济学的一个分支,用于研究不同地理单元之间的空间互动效应。空间单元可以是国家、城市、自治区、县等。传统的计量模型多是假设变量之间相互独立,但该假设在很多场景下并不成立。根据 Tobler 提出的地理学第一定律,所有事物都会跟其他事物有关联,而且距离越近的事物关系越密切。尤其是在经济开放程度日益增加的今天,相邻地区间的空间交互效应表现得更为重要,学者们对空间计量的重视程度也越来越高。

1973 年,Cliff&Ord 首次提出基本横截面的空间自回归模型,Anselin (1988)与 Elhorst(2003)随后将空间自回归(spatial autoregressive, SAR)模型推广到面板数据领域。经典的空间计量模型包括空间自回归模型、空间误差模型和空间杜宾模型。空间滞后系数与空间权重矩阵是空间计量模型的两大重要元素。不同空间计量模型的差别在于是否包括空间滞后项,以及空间滞后项所处的位置。空间计量经济学(Spatial Econometrics)作为计量经济学的一个分支,主要处理经济计量模型中的空间效应(Anselin,1988;Anselin,1999)。空间效应主要来源于两个方面:一是空间依赖(spatial dependence)或泛称空间相关 (spatial correlation),这是一种特殊意义的截面相关(crosssectional dependence);二是空间异质性(spatial heterogeneity),这是一种特殊意义的截面异质性。和传统计量经济学中的截面数据(cross sectional data)分析不同,空间数据中的不独立性或异质性与数据点的地理位置和距离有关,或与广义上的经济社会网络空间中的距离有关。最初,空间计量技术主要应用于区域经济学和地理经济学领域(Paelinck and Klaassen,1979;Cliff and Ord,1981;Upton and Fingleton, 1985;Anselin,1988;Haining,1990;Anselin and Florax,1995)。近年来,对空间交互(spatial interaction)效应的理论及实证研究在计量经济学中越来越重要,这方面的文献也日益增多(Anselin and Bera,1998;Anselin,2001;Anselin,

2002；Florax and van Dervlist，2003；Anselin et al.，2004)。

在空间计量经济学的研究中，我们时常需要同时考虑空间和时间 2 个维度的依赖关系，这就是所谓时空数据分析。由考虑时间和空间这 2 个维度而建立的模型称为时空模型。重要的时空模型包括：空间似不相关模型、时空随机效应模型、时空递归模型、时空动态模型和时空自回归移动平均模型。

5.1　时空常系数回归模型基础

时空常系数回归模型（Spatiotemporal Constant Coefficient Regression Model)是一种用于分析和预测时空数据的统计模型。该模型假设回归系数在时间和空间上保持不变，即常系数。这种方法适用于回归系数的时空变化不显著的情况，能够简化模型设计和计算复杂度。以下是时空常系数回归模型的基础内容：

5.1.1　空间效应

为了说明时空数据分析的特点，我们考虑以下简单的线性模型：

$$y_{it} = x'_{it}\beta + \epsilon_{it} \tag{5-1}$$

其中，y_{it} 表示第 i 个体 y 在时刻 t 的观测，x_{it} 是第 i 个体在时刻 t 的观测，它是一个 $K \times 1$ 的向量；β 是 $K \times 1$ 的回归系数；ϵ_{it} 是误差项。

鉴于我们主要对空间效应感兴趣，我们将回归方程按照先 i 后 t 的顺序叠成矩阵的形式：

$$y = X\beta + \epsilon \tag{5-2}$$

其中，$y = (y_1, y_2, \cdots, y_r)'$，而每个 y_i，i=1, 2, $\cdots$, T 都是一个 $N \times 1$ 的列向量，故 y 是一个 $NT \times 1$ 的列向量。同样，X 是一个 $NT \times K$ 的矩阵，ϵ 是一个 $NT \times 1$ 的列向量。

当截面个体之间的协方差不为零时，空间依赖或空间相关效应就存在。与通常的截面相关不同的是，我们说空间相关的时候，意味着这种相关必须遵从一定的空间次序。具体来说，截面上相距近的两点的相关性要大于相距远的两点的相关性。由于这种相关性大小的存在，整个截面上的点就好像按照某种顺序被排成了一个序列。如果这种空间次序并不明显,那么空间相关就和通常的截面相关没有什么差别了。例如,以上线性模型的误差项有 $E[\epsilon_{it}\epsilon_{jt}]\neq0,\forall i\neq j$ 时,我们就称误差项是空间相关的。注意这一相关关系完全存在于截面单位之间,不随时间的改变而改变。

第二类空间效应称为空间异质性。事实上,传统计量经济学对异质性的处理和建模并不鲜见,常见的如异方差、随机系数模型、变系数线性模型等。当我们在空间计量模型中讨论异质性时,主要是指由于空间变量,例如空间位置,距离或单位所在区域不同而使得截面结构缺乏稳定性和同质性。虽然大多关于空间异质性的计量经济分析可以通过传统的计量方法理论按理处理,但是当出现某些特别复杂的情形时,例如空间异质性伴随着空间相关而发生,依然需要设计新的方法去处理。

5.1.2　空间权重矩阵和空间滞后算子

空间权重矩阵 W 是一个 $N\times N$ 的矩阵,它的每一个元素都为非负。元素 w_{ij} 表示了处于位置 i 个体和处于位置 j 的个体在空间上互相作用的先验强弱。w_{ij} 在数值上表示了 i 和 j 这 2 个点在空间网络中联系的存在和强弱。例如,最简单的权重矩阵是一个所有元素为 0 或 1 的矩阵:$w_{ij}=1$ 表示 i 和 j 是相邻的,$w_{ij}=0$ 表示 i 和 j 不是相邻的。在实际计算中,我们经常将权重矩阵标准化,即令矩阵每行的元素和为 1。用 w_{ij} 表示标准权重矩阵的代表元素。我们有 $w_{ij}=w_{ij}/\sum_{j}w_{ij}$。 如此标准化的一个结果是原来对称的权重矩阵变得不再对称。

在实际应用中,如何设定空间权重矩阵是一个重要的问题。一般来说,权重的设定带有主观性和随意性,除非在区域经济或相关理论经济学科中能找到设定的理论依据。在实际中,权重的设定符合地理上的准则,例如是否邻接(有公共边界)或两点间的距离。有一种权重矩阵的设定称为分块权重(block weights),这一设定把在某一子区域内的所有单位看成在一个领域中。这一子区域中的所有单位两两之间的权重都为 $1/N_g-1$,其中 N_g 表示这一区域中的单位个数(Case, 1991; Case, 1992; Lee, 2002)。

与时间序列不同,滞后算子的概念 L 不再简单表示成:

$$L_{yt}=y_t-1 \tag{5-3}$$

事实上,在空间分析中,从 Z_i 的空间滞后表示成:$\sum_{j}w_{ij}z_j$。 注意到在权

重矩阵的第 i 行中,只有 i 领域中那些 j 所对应的元素 w_{ij} 才不为零。从这个意义上说,z 的空间滞后是从 z 领域中所有单位的加权平均。例如,在本节一开头提出的线性模型中,我们可以认为 W 是 $NT \times NT$ 的,并且

$$W_y = (I_T \otimes W_N)y$$

$$WX = (I_T \otimes W_N)X$$

$$W_\epsilon = (I_T \otimes W_N)\epsilon$$

5.2 时空常系数回归模型类型

时空常系数回归模型是一类在时空数据分析中常用的统计模型,其特点是回归系数在时间和空间上保持不变。这类模型可以进一步细分为多种类型,根据不同的假设和应用场景,选择合适的模型类型至关重要。朱平方(2020)提出以下是几种常见的时空常系数回归模型类型。

5.2.1 时空滞后模型

时空滞后模型的一般形式为:

$$y = \rho(I_T \otimes W_N)y + X\beta + \epsilon \tag{5-4}$$

其中,ρ 是空间自回归系数。以上模型的特点之一是空间均衡结构不随时间的改变而改变,这体现在 ρ 和权重矩阵 W 为常数。然而,这一模型同时考虑时间和空间维度的好处在于可以引进更加灵活的模型设定。这一模型可以看成是对空间系统一般均衡的刻画,因为截面中的任一单位均由其领域中各单位联合决定。

在估计以上时空滞后模型的时候,与时间序列不同,此时的滞后项是内生的。直觉上,如果 i 位于 j 的领域中,则 i 影响 j 的滞后,但是此时 j 也位于 i 的领域之中,故 j 也影响 i 的滞后,这样 i 影响 i 的滞后。这一效应称为空间乘数效应(Anselin, 2003)。为了看清楚 y 如何被外生变量 X 和误差项 ϵ 联合决定,我们把上式写成:

$$y = [I_T \otimes (I_N - \rho W_N)^{-1}]X\beta + [I_T \otimes (I_N - \rho W_N)^{-1}]\epsilon \tag{5-5}$$

对整个截面在每一时刻 t，有

$$y_t = X_t\beta + \rho W_N X_t\beta + \rho^2 W_N^2 X_t\beta + \cdots + \epsilon_t + \rho W_N \epsilon_t + \rho^2 W_N^2 \epsilon_t + \cdots$$

$$(5-6)$$

这一展开的意义在于：y_t 不但由外生变量 X_t 决定，而且同时被 X_t 的空间滞后及其高阶空间滞后所决定，尽管影响程度随着空间滞后阶数的上升而减弱。这一分析同样适用于误差项 ϵ_t。我们注意到，在以上模型设定中，每个截面的乘数效应没有溢出到其他时刻的截面。以上分析表明，在估计带空间滞后的模型中，OLS 估计不是一致的。我们可以采用工具变量或广义矩的方法对系数进行估计。如果对模型误差项的分布做出了假定，我们还可以用极大似然的方法进行估计。以上时空滞后模型还可以写成如下空间滤子的形式：

$$\left[I_T \otimes (I_N - \rho W_N)\right]y = X\beta + \epsilon \qquad (5-7)$$

这一设定可以解释成对空间效应的趋势。与时间序列分析不同，在此要排除 $\rho = 1$ 的情形，因为 $\rho = 1$ 与标准化的 W 一起，使 $I_N - \rho W_N$ 通常并非是可逆的。

5.2.2　时空误差模型

与时空滞后模型不同，时空误差模型的设定并不依赖空间作用的理论模型。对时空误差模型的各种设定，本质上就是对模型误差项的非球型方差协方差矩阵的不同设定。在时刻 t，如果不加任何约束，误差项的方差协方差矩阵总共包含 $N \times (N-1)/2$ 个参数。如果要估计这所有 $N \times (N-1)/2$ 个参数，通常我们需要 $T \gg N$。当这一条件不满足时，我们需要为方差协方差矩阵加上约束，使得模型可以识别。常见的加约束方法有以下 2 种。

5.2.2.1　直接表示法

直接表示法常见于早期的地统计学文献（Cressie，1993）。这一方法将两点间的协方差表示成距离的函数：$\forall i \neq j$，$t = 1, 2, \cdots T$

$$E\left[\epsilon_{it}\epsilon_{jt}\right] = \sigma^2 f(\tau, d_{ij}) \qquad (5-8)$$

其中，T 是参数向量，d_{ij} 是 i 和 j 之间的距离（或广义的经济意义上的距离）。f 是一个合适的距离衰减函数。这样的设定要求整个方差协方差矩阵是非负定的（Durbin，1988）。对以上模型的设定条件至少可以做 2 个方面的放松：第一，这里假定模型是同方差的,即 σ 不随时间改变而变化,这一条件显然可以被放松。第二,模型设定显示我们假设空间过程是各向同性的,即任何两点的协方差只和两点间的距离有关,而和两点所成的方向角度无关。当然,这点也可被放松以至于我们可以表示出这种方向效应。

5.2.2.2　空间误差过程

空间误差过程是利用领域概念和空间权重矩阵来设定模型。常见的有空间自回归和空间移动平均 2 种设定。SAR 模型可以表示成:

$$\epsilon_t = \theta W_N \epsilon_t + u_t \tag{5-9}$$

其中,θ 是空间自回归系数。u_t 是 $N \times 1$ 的误差项。$E[u_t u_t'] = \sigma_u^2$ 记 $B_N = I_N - \theta W_N$:

$$\Omega_{t,N} = \sigma_u^2 (B_N' B_N)^{-1} \tag{5-10}$$

如果每一个截面的方差协方差矩阵不随时间而改变,则整个模型的方差协方差矩阵为:

$$\sum_{NT} \sigma_u^2 [I_T (B_N' B_N)^{-1}] \tag{5-11}$$

如果以上设定中 W 是标准化的权重矩阵,B_N 未必是对称的。即使 W_N 是一个稀疏矩阵,$(B_N' B_N)^{-1}$ 也可能不再是一个稀疏矩阵。这意味着截面单位之间的相互作用范围如今变得更大,已非 W_N 中那些非零元素所表征的相互作用。从这个意义上说,SAR 诱导了一个全局的空间协方差结构。

空间移动平均过程表示成 $\forall t = 1, 2, \cdots, T$:

$$\epsilon_t = \gamma W_N u_t + u_t \tag{5-12}$$

记:

$$\Omega_{t,N} = E[\epsilon_t \epsilon_t'] = w_u^2 [I_N + \gamma (W_N + W_N') + \gamma^2 W_N W_N'] \tag{5-13}$$

则整个模型误差项的方差协方差矩阵可以写成:

$$\sum_{NT} = \sigma_u^2 \{I_T \otimes [I_N + \gamma (W_N + W_N') + \gamma^2 W_N W_N']\} \tag{5-14}$$

如果 W 是一个稀疏矩阵,$[I_N + \gamma (W_N + W_N') + \gamma^2 W_N W_N']$ 可能依然是一个稀疏矩阵。因此,与 SAR 模型不同,SMA 诱导的空间协方差结构是局部的。

5.2.3　空间误差成分模型

空间误差成分模型由 Kelejian 和 Robinson 提出（Kelijian and Robin-Son，1995；Anselin and Moreno，2003）。在这一模型中，误差项被分解为局部效应和溢出效应两个部分：

$$\epsilon_t = \boldsymbol{W}_N \boldsymbol{\varphi}_t + \boldsymbol{\xi}_t \tag{5-15}$$

其中，ξ_t 是 $N \times 1$ 的局部误差成分，φ_t 是 $N \times 1$ 的溢出效应误差成分。这两个向量均独立同分布，且互相之间不相关 $E[\varphi_{it} \xi_{it}] = 0$，$\forall\, i, j, t$。 以上设定导致 $\forall\, t$，

$$\Omega_{t,N} = E[\epsilon_t \epsilon_t{}'] = \sigma_\varphi^2 \boldsymbol{W}_N \boldsymbol{W}_N' + \sigma_\xi^2 \boldsymbol{I}_N \tag{5-16}$$

整个模型误差项的方差协方差矩阵为：

$$\sum\nolimits_{NT} = \sigma_{xi}^2 \boldsymbol{I}_{NT} + \sigma_{psi}^2 (\boldsymbol{I}_T \otimes \boldsymbol{W}_N \boldsymbol{W}_N') \tag{5-17}$$

从以上方差协方差表达式可以看出，SEC 模型的方差协方差在形式上只是 SMA 模型的一部分，因此这一空间作用结构依然是局部的。

5.2.4　共同因子模型

标准的双向误差成分模型的误差项一般设定成：

$$\epsilon_{it} = \mu_i + \lambda_t + u_{it} \tag{5-18}$$

其中，μ_i 是截面成分，具有方差 σ_μ^2，λ_t 是时间成分，具有方差 σ_λ^2，u_{it} 独立同分布，具有方差 σ_u^2，并且这三种成分之间互相不相关，且各 μ_i 在截面间各不相关，各 λ_t 在各时间点上不相关。因我们在这里尤其对空间效应感兴趣，所以将误差项表达式叠成向量形式：

$$\epsilon_t = \boldsymbol{\mu} + \lambda_t \boldsymbol{l}_N + \boldsymbol{u}_t \tag{5-19}$$

其中，$\boldsymbol{\mu}$，$\boldsymbol{u}_t$ 都是 $N \times 1$ 向量，λ_t 是标量，$\boldsymbol{l}_N$ 是所有元素为 1 的 $N \times 1$ 向量。在这一设定下

$$E[\epsilon_t \epsilon_t{}'] = \sigma_\mu^2 \boldsymbol{I}_N + \sigma_\lambda^2 \boldsymbol{l}_N \boldsymbol{l}_N{}' + \sigma_u^2 \boldsymbol{l}_N \tag{5-20}$$

整个模型的误差项可以写成：

$$\epsilon = (l_T \otimes I_N)\mu + (I_T \otimes l_N)\lambda + \mu \tag{5-21}$$

整个模型的误差项方差协方差阵可以写成：

$$\sum_{NT} = \sigma_u^2(l_T l_T{}' \otimes I_N) + \sigma_\lambda^2(I_T \otimes l_N l_N{}') + \sigma_u^2 I_{NT} \tag{5-22}$$

Andrews(2005)将模型推广到了以下情形：

$$\epsilon_{it} = \delta_i f_t + u_{it} \tag{5-23}$$

其中，δ_i 是随截面单位而变化的 f_t 的荷载，u_{it} 是零均值独立同分布误差项，由于这一设定，同一时刻截面上单位 i 和 j 的协方差为：

$$E[\epsilon_{it}\epsilon_{jt}] = \delta_i \delta_j \sigma_f^2 \tag{5-24}$$

以上模型更可以推广到多元荷载因子情形：

$$\epsilon_{it} = \delta_i{}' f_t + u_{it} \tag{5-25}$$

其中 $\boldsymbol{\delta}$ 和 $\boldsymbol{f}$ 均为 m 维向量。假设 f_t 和 u_{it} 具有相同的方差，则截面间的相关系数为：

$$\rho_{ij} = \frac{\delta_i{}'\delta_j}{(1 + \delta_i{}'\delta_i)(1 + \delta_j{}'\delta_j)^{1/2}} \tag{5-26}$$

与以前所有考虑的误差项方差协方差结构不同，多元因子模型并不设定空间相关系数为截面单位间距离的函数或权重矩阵的函数。

5.2.5　空间面板模型

目前学者们对基于空间面板的计量经济学模型设定和估计的兴趣日益增长。空间面板主要指包含了一些地理单位的时间序列观测值的数据。与基于横截面数据的单方程相比，面板数据能够为研究者解释因果关系提供建模的可能性。由于事件时空相关研究中使用的数据既包括时间维度又包括横截面维度，因此本书适用的模型是空间面板模型。空间面板又可以分为固定效应模型和随机效应模型。固定效应模型又可以分为个体固定效应模型、时点固定效应模型以及个体时点固定效应模型。由于本书的关注点在于不随时间变化，但随个体不同而不同的影响因素，因此，本书使用到的是个体固定效应模型，接下来对其进行介绍。

空间面板数据模型的一般形式为：

$$y = \rho(I_T \otimes W)y + X\beta + \varepsilon \tag{5-27}$$

$$\varepsilon = \lambda(I_T \otimes W)\varepsilon + I_T \otimes u + v$$

其中，y 表示响应变量，ρ 和 λ 分别代表因变量和误差项的空间相关系数，$\boldsymbol{W}$ 表示空间权重矩阵，用于表示不同地区间的空间相互影响关系，$\boldsymbol{X}$ 表示模型的协变量矩阵，ε 和 v 表示随机误差项。将上面两式结合为一体可得：

$$y = (I_T \otimes A^{-1})[X\beta + (I_T \otimes B^{-1})(I_T \otimes u + v)] \tag{5-28}$$

其中，$A = (I_N - \lambda W)$，$B = (I_N - \rho W)$。假定 $E(\varepsilon \mid X, W) = 0$，固定效应模型中的方差项可表示为 $\mathrm{Var}(\varepsilon \mid X, W) = \sigma_v^2 I_T \otimes (B'B)^{-1}$。

5.2.5.1　SAR(Spatial Autogressive Model)面板模型

当 $B = I$ 或 $\rho = 0$ 时，就得到空间自回归模型，也叫空间滞后模型。该模型只包含被解释变量间的内生交互作用，即邻近地区的因变量会对其他地区的因变量产生影响：

$$y = \lambda(I_T \otimes W)y + X\beta + \varepsilon \tag{5-29}$$

空间单元 i 的响应变量 $Y \leftrightarrow$ 空间单元 j 的响应变量 Y。

5.2.5.2　SEM(Spatial Error Model)面板模型

当 $A = I$ 或 $\lambda = 0$ 时，我们得到空间误差模型。该模型只包含误差项间的交互作用，也就是只考虑了模型中遗漏变量之间存在空间依赖效应，主要用来衡量无法观测到的区域本身的空间异质性：

$$y = X\beta + \varepsilon$$

$$\varepsilon = \rho(I_T \otimes W)\varepsilon + I_T \otimes u + v \tag{5-30}$$

空间单元 A 的误差项 $u \leftrightarrow Y$ 空间单元 B 的误差项 u。

5.2.5.3　SDM(Spatial Durbin Model)面板模型

当 $A = B = I$ 时，可以得到空间杜宾模型。该模型解释变量间的外生交互作用：

空间单元 B 的解释变量 $\leftrightarrow X$ 空间单元 A 的响应变量

$$y = I_T \otimes [X\beta + (I_T \otimes u + v)] \tag{5-31}$$

在空间计量的分析中,首先要考虑的便是对空间计量模型的估计问题。现有文献对于空间面板计量模型提出的估计方法包括广义最小二乘法(IV/GLS)、广义矩估计法(GMM/GLS)以及极大似然估计法。考虑模型 $y_{it} = x_{it}\beta + \mu_i + \varepsilon_{it}$,其中 i 表示空间维度指标,$i = 1, 2, \cdots, N$,t 是时间维度指标,y_{it} 和 x_{it} 都是按照 N 个观测值的 T 个连续横截面堆积而成,从而 Y 的维度为 $NT \times 1$,X 的维度为 $NT \times K$。如果特定的空间效应被视为固定效应,则上述模型中的模型参数可以用三步法进行估计。首先,对 y 和 x 的回归方程做 demean 处理,以此来消除空间固定效应,这种 demean 的转换形式为:

$$y_{it}^* = y_{it} - \frac{1}{T}\sum_{t=1}^{T} y_{it}, \ x_{it}^* = x_{it} - \frac{1}{T}\sum_{t=1}^{T} x_{it}$$

然后,用极大似然方法来估计被转换的回归方程 $y_{it}^* = x_{it}^*\beta + \varepsilon_{it}^*$,取均值后的回归方程的似然函数为:

$$\text{Log}\, L = -\frac{NT}{2}\log(2\pi\sigma^2) - \frac{1}{2\sigma^2}\sum_{i=1}^{N}\sum_{t=1}^{T}(y_{it}^* - x_{it}^*)^2$$

β 和 σ^2 的 ML 估计量分别为:

$$\beta = (X^{*T}X^*)^{-1}X^{*T}Y^*; \tag{5-32}$$

$$\sigma^2 = (Y^* - X^*\beta)^T(Y^* - X^*\beta)/NT \tag{5-33}$$

参数的渐进方差矩阵为:

$$\text{Asy.Var}(\beta, \sigma^2) = \begin{pmatrix} \dfrac{1}{\sigma^2}X^{*T}X^* & 0 \\ 0 & \dfrac{NT}{2\sigma^4} \end{pmatrix}^{-1} \tag{5-34}$$

5.3　时空模型的设定

时空模型(Spatial Temporal Model)是一种能够分析具有时空特征数据的模型,它能够捕捉变量在时间和空间维度上的相互关系和动态变化,以下是几种主要的模型。时间维度误差项的不同设定会导致不同的模型形式和分析方法。

以下是几种误差项设定的时空模型。

5.3.1　空间似不相关模型

空间似不相关模型(Anselin,1988)是传统似不相关模型的延伸。该模型允许每一时刻的截面误差向量 ϵ_t 在不同时点之间相关。运用矩阵符号,将每一时刻截面单位相叠,对于任意 $t=1,2,\cdots,T$,模型具有形式:

$$y_t = X_t\beta_t + \epsilon_t \tag{5-35}$$

误差项方差协方差具有形式:

$$E[\epsilon_t\epsilon'_s] = \sigma_{ts}I_N,\ s \neq t \tag{5-36}$$

其中 σ_{ts} 是时刻 t 和 s 时间的协方差。模型进一步可以写成:

$$y = X\beta + \epsilon \tag{5-37}$$

$$E[\epsilon\epsilon'] = \sum\nolimits_t \otimes I_N \tag{5-38}$$

如果模型中引入了空间滞后设定,模型可以写成:

$$y_t = \rho_t W_N y_t + X_t\beta_t + \epsilon_t \tag{5-39}$$

现在令

$$X = \begin{pmatrix} X_1 & 0 & \cdots & 0 \\ 0 & X_2 & \cdots & 0 \\ \cdots & \cdots & \cdots & \cdots \\ 0 & 0 & \cdots & X_T \end{pmatrix}$$

令

$$R_T = \begin{pmatrix} \rho_1 & 0 & \cdots & 0 \\ 0 & \rho_2 & \cdots & 0 \\ \cdots & \cdots & \cdots & \cdots \\ 0 & 0 & \cdots & \rho_T \end{pmatrix}$$

则模型可以紧凑的表示成:

$$y = (R_T \otimes W_N)y + X\beta + \epsilon \tag{5-40}$$

在实际应用中,除了进行误差方差协方差矩阵是不是对角阵以及回归系数是否不随时间改变而变化等常规检验,从空间计量经济学的角度,我们还关心空间自回归系数的同质性: $\rho_1 = \rho_2 = \cdots = \rho_T = \rho$。 如果这一假设不被拒绝,我们可以采用一更简单的模型:

$$y = \rho(I_T \otimes W_N)y + X\beta + \epsilon \qquad (5-41)$$

模型可以进一步扩展,当我们引入空间自回归误差项:

$$\epsilon_t = \theta_t W_N \epsilon_t + u_t \qquad (5-42)$$

这样整个模型的方差协方差形式变得更加复杂,在此我们不加详细叙述。要指出的是,同样我们可以检验 $\theta_1 = \theta_2 = \cdots = \theta_T = \theta$ 的假设。

5.3.2　时空随机效应模型

随机效应模型误差项的标准设定为:

$$\epsilon_{it} = \mu_i + v_{it} \qquad (5-43)$$

其中, $\mu_i \sim IID(0, \sigma_\mu^2)$ 是截面随机成分, $v_{it} \sim IID(0, \sigma_v^2)$,并且 μ_i 和 v_{it} 互相独立。我们把误差项写成:

$$\epsilon_t = \mu + v_t \qquad (5-44)$$

其中, μ 是 $N \otimes 1$ 的截面随机成分向量。如果我们引进空间误差自回归:

$$v_t = \theta W_N v_t + v_t \qquad (5-45)$$

则整个模型的误差项的方差协方差可以写成

$$
\begin{aligned}
\sum_{NT} &= E[\epsilon \, \epsilon'] \\
&= \sigma_\mu^2 (l_T l_T' \otimes I_N) + \sigma_\mu^2 [l_T \otimes (B_N' B_N)^{-1}] \qquad (5-46)
\end{aligned}
$$

其中

$$B_N = I_N - \theta W_N \qquad (5-47)$$

注意到以上整个模型的误差项方差协方差的第一项只显示时间维度上的相关性,而没有截面维度上的相关性,第二项只显示截面维度的相关性,而没有时间维度上的相关性。时空随机效应的另一设定来自 Kapoor 等人在 2003 年的文

章。这一设定先在误差项中引入空间自回归过程,然后在剩余的误差中引入误差成分,设定

$$\epsilon = \theta(I_T \otimes W_N)\epsilon + v$$
$$v = (l_T \otimes I_N)\mu + u \qquad (5-48)$$

这样整个模型误差项方差协方差为:

$$\sum\nolimits_{NT} = E[\epsilon\,\epsilon']$$
$$= (I_T \otimes B_N^{-1})[\sigma_\mu^2(l_T l_T' \otimes I_N) + \sigma_\mu^2 l_{NT}](I_T \otimes B_N^{-1'}) \qquad (5-49)$$

5.3.3 时空递归模型和时空动态模型

在空间递归模型中,只存在和上一时刻领域的相关关系:

$$y_t = \gamma W_N y_{t-1} + X_t \beta + \epsilon_t \qquad (5-50)$$

其中,γ 是时空自回归系数,$W_N y_{t-1}$ 是 $N \times 1$ 维 $t-1$ 时刻空间滞后因变量。模型右边可以加入 X_{t-1} 和 $W_N X_t$ 使得模型包含解释变量的时间和空间滞后。因为 $W_N y_{t-1}$ 已经包括了 $W_N X_{t-1}$,故加入形如 $W_N X_{t-1}$ 的项会引起参数识别问题。将模型迭代一次:

$$y_t = \gamma^2 W_N^2 y_{t-2} + X_t \beta + \gamma W_N y_{t-1} \beta + \epsilon_t + \gamma W_N \epsilon_{t-1} \qquad (5-51)$$

可以看出模型特别适合于解释空间扩散现象。将以上纯空间递归模型推广到时空递归模型:

$$y_t = \varphi y_{t-1} + \gamma W_N y_{t-1} + X_t \beta + \epsilon_t \qquad (5-52)$$

以上模型的右边也可以加入同期空间滞后解释变量 $W_N X_t$,但是依然由于参数识别问题,右边不能加入解释变量时空滞后项 $W_N X_{t-1}$。 这一时空递归模型在时空预测方面有特别的意义(Giacomini and Granger,2004)。

时空联立模型同时包含时间滞后和同期的空间滞后:

$$y_t = \varphi y_{t-1} + \rho W_N y_t + X_t \beta + \epsilon_t \qquad (5-53)$$

其中,ρ 是同期空间自回归系数。该模型的乘数效应相当复杂,这是空间滞后算子和时间滞后算子共同作用的结果。为了看清楚该模型的乘数效应,首先我们把模型写成:

$$y_t = (I_N - \rho W_N)^{-1}[\varphi y_{t-1} + X_t \beta + \epsilon_t] \tag{5-54}$$

然后代换掉 y_{t-1}：

$$y_t = (I_N - \rho W_N)^{-1}\{\varphi[(I_N - \rho W_N)^{-1}(\varphi y_{t-2} + X_{t-1}\beta + \\ \epsilon_{t-1})] + X_t \beta + \epsilon_t\} \tag{5-55}$$

从而得到：

$$y_t = \varphi^2(I_N - \rho W_N)^{-2} y_{t-2} + (I_N - \rho W_N)^{-1} X_t \beta + \\ \varphi(I_N - \rho W_N)^{-2} X_{t-1}\beta(I_N - \rho W_N)^{-1}\epsilon_t + \\ \varphi(I_N - \rho W_N)^{-2}\epsilon_{t-1}$$

从中可以看出模型右边包含 X 任何的空间滞后都会导致参数识别的问题。更一般的模型设定称为时空动态模型。该模型包含 3 种形式的被解释变量滞后：时间滞后、空间滞后和时空滞后。

$$y_t = \varphi y_{t-1} + \rho W_N y_{t-1} + \gamma W_N y_{t-1} + X_t \beta + \epsilon_t \tag{5-56}$$

5.3.4　时空自回归移动平均模型

时空自回归移动平均模型最早见于 Clif 等人(1975)，Clif 和 Ord(1973)，Marten 和 Eppen(1975)的文献。在时空自回归移动平均模型中，在某时刻某位置的观测由两部分组成：一是滞后观测的线性组合；二是误差项及其滞后的线性组合。这里的所谓滞后不但来自空间上的滞后，即该观测邻域中的其他观测，也来自时间上的滞后。总的来说，模型一般可以写成：

$$z_i(t) = \sum_{k=1}^{p}\sum_{l=0}^{\lambda_k}\varphi_{kl}L^{(l)}z_i(t-k) - \\ \sum_{k=1}^{q}\sum_{l=0}^{m_k}\theta_{kl}L^{(l)}\epsilon_i(t-k) + \epsilon_i(t) \tag{5-57}$$

其中，p 是自回归阶数，q 是移动平均阶数，λ_k 是第 k 个时间自回归项的空间阶数，m_k 是第 k 个时间移动平均项的空间阶数，φ_{kl} 和 θ_{kl} 是待估计的参数，$\epsilon_i(t)$ 是误差项，且满足：

$$E[\epsilon_i(t)] = 0$$

$$E\left[\epsilon_i(t)\,\epsilon_j(t+s)\right] = \begin{cases} \sigma^2 & i=j,\ s=0 \\ 0 & \text{其他情形} \end{cases}$$

文献中，以上模型一般称为 STARMA $(p_{\lambda_1, \lambda_2, \cdots, \lambda_p}, q_{m_1, m_2, \cdots, m_q})$ 模型 (Pfeifer and Deutsch，1980)。利用权重矩阵将以上模型写成向量形式：

$$z(t) = \sum_{k=1}^{p} \sum_{l=0}^{\lambda_k} \varphi_{kl} W^{(l)} z(t-k) - \sum_{k=1}^{q} \sum_{l=0}^{m_k} \theta_{kl} W^{(l)} \epsilon(t-k) + \epsilon(t) \quad (5-58)$$

其中 $\epsilon(t)$ 满足：

$$E[\epsilon(t)] = 0$$

$$E[\epsilon(t)\,\epsilon(t+s)'] = \begin{cases} \sigma^2 I_N & s=0 \\ 0 & \text{其他情形} \end{cases}$$

为了让 STARMA 模型表示的是一个稳定过程，即 $z(t)$ 的期望和协方差结构不随时间变化，我们要求以下关于 x_u 的方程的解都落在单位圆 $|x_u| < 1$ 中

$$\det\left[x_u^p I - \sum_{k=1}^{p} \sum_{l=0}^{\lambda_k} \varphi_{kl} W^{(l)} x_u^{p-k} \right] = 0 \quad (5-59)$$

如果我们还要求关于 x_u 的方程的解都在单位圆 $|x_u| < 1$ 中，则称模型是可逆的。可逆性意味着 $z(t)$ 可以表示成其过去观测的加权线性组合，且权逐渐趋向于零。显然，所有的 STARMA $(p_{\lambda_1, \lambda_2, \cdots, \lambda_p}, 0)$ 模型都是可逆的，所有 STARMA $(0, q_{m_1, m_2, \cdots, m_q})$ 都是稳定的。

$$\det\left[x_u^q I - \sum_{k=1}^{q} \sum_{l=0}^{m_k} \theta_{kl} W^{(l)} x_u^{q-k} \right] = 0 \quad (5-60)$$

5.4　时空模型的估计

一般说来，对于空间模型，只要模型右边包含被解释变量的空间滞后，普通最小二乘法估计量是不一致的，而不管此时误差项是否存在自相关。这是空间回归模型和时间序列分析的一个显著不同，因为在时间序列模型中，尽管模型的右边包含被解释变量的滞后项，只要误差项不存在自相关，自回归系数的最小二乘估计依然是一致的。为了说明这点，我们考虑一个简单的纯空间自回归模型：

$$y = \rho W y + \epsilon \qquad (5-61)$$

我们假定 $E[\epsilon \epsilon'] = \sigma^2 I_N$，此时我们有：

$$y = (I - \rho W)^{-1} \epsilon \qquad (5-62)$$

为了说明普通最小二乘估计量的不一致性，我们考虑作为一阶空间滞后的解释变量和误差项的相关：

$$E[Wy\ \epsilon'] = E[W(I-\rho W)^{-1} \epsilon \epsilon'] = \sigma^2 W(I-\rho W)^{-1} \neq 0 \qquad (5-63)$$

由此可见，即使误差项不存在自相关，普通最小二乘估计一般来说还是不一致的。为了改善估计模型系数的一致性，常见的方法主要有极大似然法、工具变量法和广义矩法。

5.4.1　时空模型的极大似然估计

空间模型的极大似然估计方法发展到现在已经相当完善了（Ord，1975；Mardia and Marshall，1984；Anselin，1988；Cressie，1993；Anselin and Bera，1998）。在实际应用中，为了求解极大似然函数一阶导数的零点，需要用到非线性最优化技术。基于估计量的渐进正态性，我们可以进行统计推断。这中间需要计算估计量的渐进方差矩阵，这可以通过计算极大似然函数的二阶导数而得到。

首先我们考虑时空滞后模型的极大似然估计。假设误差项服从正态分布，模型（5-4）的极大似然函数可以写成：

$$L = \ln \mid I_T \otimes (I_N - \rho W_N) \mid - \frac{NT}{2} \ln \sigma_\epsilon^2 - \frac{1}{2\sigma_\epsilon^2} \epsilon \epsilon' \qquad (5-64)$$

其中，$\epsilon = y - \rho(I_T \otimes W_N)y - X\beta$，$\mid I_T \otimes (I_N - \rho W_N) \mid$ 称作空间变换的 Jacobi 行列式。考虑到这一 Jacobi 行列式的分块对角结构，极大似然函数可以被简化成：

$$L = T\ln \mid I_N - \rho W_N \mid - \frac{NT}{2} \ln \sigma_\epsilon^2 - \frac{1}{2\sigma_\epsilon^2} \epsilon \epsilon' \qquad (5-65)$$

特别地，我们考虑两种特殊的误差结构。首先，在单向误差成分模型情形，即

$$\epsilon = (l_T \otimes I_N)\mu + u \qquad (5-66)$$

极大似然函数变成：

$$L = T\ln \mid I_N - \rho W_N \mid - \frac{1}{2}\ln \mid \sigma_\mu^2(l_T l_T' \otimes I_N) + \sigma_\mu^2 I_{NT} \mid -$$

$$\frac{1}{2}\epsilon' \mid \sigma_\mu^2(l_T l_T' \otimes I_N) + \sigma_\mu^2 I_{NT} \mid^{-1} \epsilon \qquad (5-67)$$

其次,在式(5-35)提到的空间似不相关模型中,似然函数可以写成：

$$L = \sum_t \ln \mid I_N - \rho_t W_N \mid - \frac{N}{2}\ln \left| \sum T \right| - \frac{1}{2}\epsilon'\left(\sum T^{-1} \otimes I_N \right)\epsilon$$

$$(5-68)$$

其中, $\epsilon = [I_{NT} - (R_T \otimes W_N)]y - X\beta$。 关于空间似不相关模型极大似然估计的进一步论述,请见 Anselin (1988)。

接着,我们考虑时空误差模型的极大似然估计。事实上,时空误差模型的极大似然函数乃是传统计量经济学中非球型误差项协方差结构回归模型的极大似然函数的特例(Magnus,1978)。当误差项方差协方差具有一般形式 $\epsilon \sim N(0, \sum)$ 时,模型的极大似然函数具有一般形式：

$$L = \frac{1}{2}\ln \left| \sum \right| - \frac{1}{2}\epsilon' \sum{}^{-1} \epsilon \qquad (5-69)$$

根据式(5-9)～式(5-11)中的空间自回归误差项的设定,模型的极大似然函数是

$$L = -\frac{NT}{2}\ln \sigma_u^2 + T\ln \mid B_N \mid - \frac{1}{2\sigma_u^2}\epsilon'[I_T \otimes (B_N'B_N)]\epsilon \quad (5-70)$$

其中, $\epsilon = y - X\beta$。 根据以上极大似然函数对 β 的估计和对该模型的广义最小二乘估计量一致：

$$\hat{\beta} = [X'I_T \otimes (B_N'B_N)X]^{-1}X'[I_T \otimes (B_N'B_N)y] \qquad (5-71)$$

特别地,当我们讨论式(5-35)～式(5-38)中的带空间自相关误差项的时空随机效应模型时,如果计 $\eta = \frac{\sigma_\mu^2}{\sigma_u^2}$,整个模型误差项方差协方差矩阵可以写成

$$\sum{}_{NT} = \sigma_u^2 \varphi_{NT}, \text{ 其中}$$

$$\varphi_{NT} = l_T l_T' \otimes \eta I_N + [I_T \otimes (B_N' B_N)^{-1}] \tag{5-72}$$

运用适当的矩阵代数,可以计算 φ_{NT} 的行列式和逆阵分别为:

$$|\varphi_{NT}| = |(B_N' B_N)^{-1} + (T\eta) I_N| \, |B_N|^{-2(T-1)} \tag{5-73}$$

以及,

$$\varphi_{NT}^{-1} = \frac{l_T l_T'}{T} \otimes [(B_N' B_N)^{-1} + (T\eta) I_N]^{-1} + \left(I_T - \frac{l_T l_T'}{T}\right) \otimes (B_N' B_N)$$

$$\tag{5-74}$$

于是模型的极大似然函数变成:

$$L = -\frac{NT}{2} \ln \sigma_u^2 + (T-1) \ln |B_N| -$$

$$\frac{1}{2} \ln |(B_N' B_N)^{-1} + (T\eta) I_N| - \frac{1}{2\sigma_u^2} \epsilon' \left[\frac{l_T l_T'}{T} \otimes\right.$$

$$\left.[(B_N' B_N)^{-1} + (T\eta) I_N]^{-1}\right] \epsilon - \frac{1}{2\sigma_u^2} \epsilon' \left[\left(I_T - \frac{l_T l_T'}{T}\right) \otimes\right.$$

$$\left.(B_N' B_N)\right] \epsilon$$

其中 $\epsilon = y - X\beta$。

5.4.2 工具变量法和广义矩法

在实际模型中,对误差项的正态分布假定常常不是那么合理的,并且极大似然估计的一个缺点是计算量大,因为对极大似然函数的最大化时常涉及大规模的矩阵求行列式和非线性算法。为了解决这些问题,工具变量法和广义矩法被引入空间计量经济学(Anselin,1988;Anselin,1990;Kelejian and Prucha,1998;Kelejian and Prucha,1999;Conley,1999)中。这些方法稍加变化便能用来估计时空模型。与讨论极大似然估计方法一样,我们先讨论时空滞后模型情形,再讨论时空误差模型的情形。

在时空滞后模型中,空间滞后的内生性使得工具变量成为一种自然的估计方法。关于工具变量的选择,同时采用外生变量 X 的空间滞后,即 WX。关于工具变量的选择问题，可参见 Kelejian 和 Robinson(1993)，Kelejian 和 Prucha (1998)，Lee(2003)。例如，在最简单的时空滞后模型(5 - 4)中，我们可以用 $(I_T \otimes W_N)X$ 作为 $(I \otimes W_{Ny})$ 的工具变量，但是要注意除去 X 中的常数项。特别地，我们来考虑带空间滞后的空间似不相关模型(5 - 35)，每一个方程中的解释变量为 $Z_t = [W_{Nyt}, X_t]$，待估计参数为 $\gamma_t = [\rho_t, \beta'_t]'$。现在令：

$$Z = \begin{pmatrix} Z_1 & 0 & \cdots & 0 \\ 0 & Z_2 & \cdots & 0 \\ \cdots & \cdots & & \cdots \\ 0 & 0 & \cdots & Z_T \end{pmatrix}$$

选择工具变量 $H_t = [X_t, W_N X_t]$：

$$H = \begin{pmatrix} H_1 & 0 & \cdots & 0 \\ 0 & H_2 & \cdots & 0 \\ \cdots & \cdots & & \cdots \\ 0 & 0 & \cdots & H_T \end{pmatrix}$$

模型的工具变量估计为：

$$\hat{\gamma} = \left[Z'H \left[H' \left(\widehat{\textstyle\sum T} \otimes I_N \right) H \right]^{-1} H'Z \right]^{-1} Z'H \left[H' \left(\widehat{\textstyle\sum T} \otimes I_N \right) H \right]^{-1} H'y$$

$$(5 - 75)$$

其中 $\widehat{\textstyle\sum} T$ 购 I_N 是误差项方差协方差矩阵的一致估计。估计系数的方差为：

$$\mathrm{Var}[\hat{\gamma}] = \left[Z'H \left[H' \left(\widehat{\textstyle\sum T} \otimes I_N \right) H \right]^{-1} H'Z \right]^{-1} \qquad (5 - 76)$$

以上估计量的形式自然使我们可以采用三阶段最小二乘法(3SLS)的步骤对模型进行估计：首先用二阶段最小二乘法(2SLS)来得到模型系数的一致估计，接着根据残差来一致地估计 $\widehat{\textstyle\sum T} \otimes I_N$，最后根据式(5 - 75)有效地估计模型系数(Kelejian and Robinson，1993；Kelejian and Prucha，1998)。

事实上，时空模型的广义最小二乘估计量式(5 - 76)的成立并不需要对分布有任何的假定，只要时空误差模型中的 θ 可以被一致的估计。在得到 θ 的一致估计后,我们同样可以用式(5-75)得到对 β 的一致估计。

Kelejian 和 Prucha(1999)用一组矩条件来估计误差项形如 $\epsilon = \theta(I_T \otimes W_N)\epsilon + u$ 的模型,其中 u 是独立新生过程,$u \sim IID[0, \sigma_u^2 I_{NT}]$。 估计所用的 3 个矩条件是:

$$E\left[\frac{1}{NT}u'u\right] = \sigma_u^2$$

$$E\left[\frac{1}{NT}u'(I_T \otimes W_N')(I_T \otimes W_N)u\right] = \frac{1}{N}\sigma_u\mathrm{Tr}(W_N'W_N)$$

$$E\left[\frac{1}{NT}u'(I_T \otimes W_N')u\right] = 0$$

在实际估计中,注意到 $u = \epsilon - \theta(I_T \otimes W_N)\epsilon$,并用所一致估计的残差来替代 ϵ。 以上三个矩条件可以用来一致地估计参数 θ,θ^2,σ_u^2。 获得 θ 的一致估计后,就能用广义最小二乘估计量式(5-75)得到 β 的一致估计。

5.5 空间效应检验

检验空间效应是时空模型的基本检验之一。在一个同时包含被解释变量空间滞后和误差项空间滞后的时空模型中,我们可以检验 $H_0: \rho_1 = \rho_2 = \cdots = \rho_T = 0$,$\theta_1 = \theta_2 = \cdots = \theta_T = 0$。 在检验这一假设的众多方法中,无疑拉格朗日乘数检验量(LM test)是比较易于施行的一种,因为计算拉格朗日乘数检验量只需要估计模型在零假设下的系数,而这一般是容易估计的(Anselin,2001b)。

不少文献已经就给定的空间模型提出了检验空间效应的 LM 检验量,例如对空间似不相关模型(Anselin,1988b),对空间误差成分模型(Anselin,1988;Baltagi et al.,2003)等。事实上,检验空间效应的 Moran I 检验量本质上也是一种 LM 检验。Burridge(1980)在 Moran I 检验量的基础上,提出了一个单截面空间回归模型残差空间效应的检验量,它的形式为

$$LM_1 = \frac{[e'W_Ne/(e'e/N)]^2}{\mathrm{Tr}(W_N^2 + W_N'W_N)} \tag{5-77}$$

当我们考虑时空模型时,以上检验量很容易被改写成适应于时空模型的残

差空间相关检验量。在时空模型下对残差中空间相关效应的检验形式

$$LM_1 = \frac{[e'(I_T \otimes W_N)e/(e'e/NT)]^2}{\mathrm{Tr}[(I_T \otimes W_N{}^2) + (I_T \otimes W_N'W_N)]} \tag{5-78}$$

这一检验量渐进服从 $\chi^2(1)$ 的分布。事实上,我们只不过是用 $(I_T \otimes W_N)$ 代替 W_N 而已。

Anselin(1988)为空间滞后模型设计了一个检验自回归系数 $\rho = 0$ 的 LM 检验。这里,当我们考虑时空滞后模型,Anselin 的结果容易被推广了时空情形:

$$LM_2 = \frac{[e'(I_T \otimes W_N)y/(e'e/NT)]^2}{[(W\hat{y})'M(W\hat{y})/\hat{\sigma}^2] + [\mathrm{Tr}(W_N^2 \otimes W_N'W_N)]} \tag{5-79}$$

其中,$W\hat{y} = (I_T \otimes W_N)X\beta$ 以及 $M = I_{NT} - X(X'X)^{-1}X'$。以上统计量渐进服从 $\chi^2(1)$ 的分布。

在空间似不相关模型中,为检验模型残差中的空间一阶自相关效应,即 $H_0: \theta_1 = \theta_2 = \cdots = \theta_T$,Anselin(1988b)提出以下 LM 检验量

$$LM_3 = l_T'(\widehat{\sum T} \odot E'W_N E)J^{-1}(\widehat{\sum T^{-1}} \odot E'W_N E)'l_T \tag{5-80}$$

其中 $\odot$ 表示矩阵的 Hadamard 乘积,即对应元素的乘积:

$$J = [\mathrm{Tr}(W_N^2)]I_T + [\mathrm{Tr}(W_N'W_N)](\widehat{\sum_T^{-1}} \odot \widehat{\sum T})$$

这一检验量服从 $\chi^2(T)$ 的分布。

5.6　本章小结

直到今日,时空模型的建模、估计以及检验在理论计量文献中,其数量相比于其他理论计量经济学研究热点,并不算多。关于时空模型的经验应用文献更是少之又少,究其原因,主要是由于各种估计和检验方法的运算量大,以及大部分软件还不能实现理论所研究出的各种算法。本章详细介绍了不同类型的时空常系数回归模型,如时空滞后模型、时空误差模型、空间误差成分模型、共同因子模型和空间面板模型。每一种模型都有其独特的特点和适用场景,本章通过对比分析,帮助读者理解它们之间的联系和区别。

此外,本章还讨论了如何设定和估计这些时空模型,包括模型的选择、参数的估计和检验方法。本章通过实际数据的例子,展示了如何应用这些模型来分析和解释时空数据。

最后,本章总结了时空常系数回归模型的关键点和在实际应用中应注意的问题。通过本章的学习,读者应该能够掌握时空回归模型的基本理论和应用技巧,并能够在自己的研究中有效地使用这些模型。

以下是在时空计量模型方面值得进一步探究的几个方向:① 对各种算法的编程和软件实现;② 可以考虑离散被解释变量的情形;③ 本章中介绍的模型大多对空间效应进行参数化建模,同样我们可以进一步考虑空间效应的非参数建模。

思考与练习题

思考题:

    1. 时空滞后模型如何帮助我们理解空间依赖性?

    2. 空间误差模型和空间自回归模型在处理空间数据时有何不同?

    3. 如何选择合适的时空回归模型来分析特定的时空数据集?

练习题:

    1. 构建一个时空滞后模型,并解释其参数估计的含义。

    2. 使用实际数据计算空间误差模型,并分析误差的空间分布。

    3. 比较空间误差成分模型和共同因子模型在分析同一数据集时的效果。

时空变系数回归模型

时空变系数回归模型是一种用于分析时间和空间变化的统计模型。它可以用来预测未来的变化和趋势,也可以用来研究过去的变化和趋势。时空变系数模型的基本思想是,时间和空间的变化是相互关联的,因此需要考虑它们之间的相互作用。

时空变系数模型的核心是变系数函数,它描述了时间和空间变化对模型的影响。变系数函数可以是线性的或非线性的,它们可以用来描述各种不同类型的非平稳变化,如趋势、季节性、周期性等。变系数函数可以根据数据的特点和需求进行选择和调整,以达到最佳的拟合效果。

时空变系数模型的优点在于它可以考虑时间和空间的相互作用,能够更准确地描述数据的非平稳变化和趋势。同时,它也可以用来预测未来的变化和趋势,为决策者提供重要的参考和依据。时空变系数模型的应用非常广泛,它可以用于气象、环境、经济、社会等各个领域的研究和预测。例如,在气象领域,时空变系数模型可以用来预测未来的气候变化和极端天气事件的发生概率;在环境领域,时空变系数模型可以用来研究污染物的扩散和影响范围;在经济领域,时空变系数模型可以用来预测未来的经济增长和就业情况;在社会领域,时空变系数模型可以用来研究人口迁移和城市化进程等。

然而,时空变系数模型也存在一些缺点,如需要大量的数据和计算资源,对数据的质量和准确性要求较高,模型的解释性也较差等。

总之,时空变系数模型是一种重要的统计模型,它可以用来研究时间和空间的变化,预测未来的趋势和变化,为各个领域的决策者提供重要的参考和依据。随着数据和计算资源的不断增加,时空变系数模型的应用前景将会更加广阔。

6.1 基本模型

时空加权变系数回归模型是一种用于分析时空数据的统计模型。它结合了时间和空间的因素,同时考虑了变系数回归的特点。

在传统的回归分析中,我们通常假设回归系数是常数,即对于所有样本和观测点都是固定的。而在时空数据分析中,变系数回归模型能够允许回归系数随着时间和空间的变化而变化。这意味着模型可以更好地适应时空数据的变化趋势和异质性。变系数回归模型的思想是在回归模型中引入时间和空间作为调整系数的因素,以捕捉数据的时空依赖性。

时空加权变系数回归模型通过引入时空权重来对样本和观测点进行加权,从而更好地考虑到时空关联性。这些权重可以根据具体问题进行设定,例如基于距离、空间自相关性等。通过加权,模型可以更准确地估计回归系数,并更好地解释时空数据的变化。

时空加权变系数回归模型在处理时空数据分析等领域具有广泛的应用。例如,在气象学中,可以用于研究气候变化和空气污染的时空分布;在经济学中,可以用于分析经济数据的时空变化和区域差异等。

一般地,Hatie 等 (1993)提出了变系数回归模型,其形式为:

$$Y = \alpha_0 U + \alpha_1(U) X_1 + \cdots + \alpha_p(U) X_p + \epsilon \qquad (6-1)$$

将地理位置函数 (U_i, V_i) 加入变系数回归模型回归系数中,从而得到 Brunst(1996)提出的空间变系数回归模型,或者说就是上一节的地理加权回归模型:

$$Y_i = \beta_0(U_i, V_i) + \beta_1(U_i, V_i) X_{i1} + \cdots + \beta_m(U_i, V_i) X_{im} + \varepsilon_i$$

$$= \beta_0(U_i, V_i) + \sum_{k=1}^{m} \beta_k(U_i, V_i) X_{ik} + \varepsilon_i, \quad i = 1, 2, \cdots, n \qquad (6-2)$$

这里 $(Y_i; X_{i1}, X_{i2}, \cdots, X_{im})$ 是因变量 Y 和自变量 $X_1, X_1, X_2, \cdots, X_m$ 在数据点 (U_i, V_i) 处的 n 组数据值,$\beta_k(U_i, V_i)(k=0, 1, 2, \cdots, m)$ 是第 i 个数据点 (U_i, V_i) 处的未知参数,$\varepsilon_1, \varepsilon_2, \cdots, \varepsilon_n$ 为独立同分布的误差项,通常假定均值为零,方差为 σ^2。

在地理加权回归模型的基础上再嵌入观测时刻函数时,模型则变为 Huang 等(2010)提出的时空加权变系数回归模型:

$$Y_i = \beta_0(U_i, V_i, T_i) + \beta_1(U_i, V_i, T_i)X_{i1} + \cdots + \beta_m(U_i, V_i, T_i)X_{im} + \varepsilon_i$$

$$= \beta_0(U_i, V_i, T_i) + \sum_{k=1}^{m} \beta_k(U_i, V_i, T_i)X_{ik} + \varepsilon_i, \quad i = 1, 2, \cdots, n$$

$$(6 - 3)$$

其中 $(Y_i; X_{i1}, X_{i2}, \cdots, X_{im})$ 是因变量 Y 和自变量 $X_1, X_1, X_2, \cdots, X_m$ 在数据点 (U_i, V_i, T_i) 处的 n 组数据值,$\beta_k(U_i, V_i, T_i)(k = 0, 1, 2, \cdots, m)$ 是第 i 个数据点 (U_i, V_i, T_i) 处的末知参数。

6.2　估计方法

时空变系数回归模型是一种允许回归系数随时间和空间变化的统计模型。由于回归系数随位置和时间变化,模型估计比传统的常系数回归模型更为复杂。以下是几种常见的时空变系数回归模型估计方法:

6.2.1　时空加权 Nadaraya-Watson 核估计方法

时空加权 Nadaraya-Watson 核估计是古丽斯坦库尔班尼亚孜(2015)和李琦(2014)的研究中使用的利用加权最小二乘原理进行的一个权函数估计,对于任取的 $x_0 \in D$,$f(x_0)$ 的时空加权 Nadaraya-Waston 核估计为:

$$\hat{f}_h(x_0) = \text{argmin}_a \sum_{i=1}^{n} (Y_i - a)^2 K_h(X_i - x_0) \qquad (6 - 4)$$

其中,核函数 $K(\cdot)$ 是定义在 $\mathbb{R}$ 上的一个非负实值可积函数,常选为对称的概率密度函数。$h = h_n$ 是一个正的常数列,称为带宽或者窗宽,是一个光滑参数,$K_h(\cdot) = h^{-1}K(\cdot/h)$。

时空地理加权回归模型在数据点 (U_i, V_i, T_i) 处的数据值 $(Y_i; X_{i1}, X_{i2}, \cdots, X_{im})$,$i = 1, 2, \cdots, n$ 不同且复杂,可采用时空加权 Nadaraya-Watson 核估计方法估计回归系数,给定研究区域的任一数据点 (U_l, V_l, T_l) 处指定一组权,记为 $W_1(U_l, V_l, T_l), \cdots W_n(U_l, V_l, T_l)$,表示数据值对 (U_l, V_l, T_l)

的影响,其中 $W_i(U_l, V_l, T_l)$ 对应于第 i 组观测值 $(Y_i; X_{i1}, X_{i2}, \cdots, X_{im})$, $i = 1, 2, \cdots, n$,对数据点 (U_l, V_l, T_l) 处进行估计时采用加权最小二乘原理,即对任一点 (U_l, V_l, T_l) 处的未知参数 $\beta(U_l, V_l, T_l)$,回归系数为:

$$\beta(U_l, V_l, T_l) = [\beta_0(U_l, V_l, T_l), \beta_1(U_l, V_l, T_l), \cdots, \beta_m(U_l, V_l, T_l)]^T$$

使目标函数

$$\sum_{i=1}^{n} \left[Y_i - \beta_0(U_l, V_l, T_l) - \sum_{k=1}^{m} \beta_k(U_l, V_l, T_l) X_{ik} \right]^2 W_i(U_l, V_l, T_l)$$

达到最小,最后得到系数估计值的矩阵为

$$[X^T W(U_l, V_l, T_l) X] \hat{\beta}_k(U_l, V_l, T_l) = X^T W(U_l, V_l, T_l) Y$$

其中

$$W(U_l, V_l, T_l) = \begin{pmatrix} W_1(U_l, V_l, T_l) & 0 & \cdots & 0 \\ 0 & W_2(U_l, V_l, T_l) & \cdots & 0 \\ \vdots & \vdots & \ddots & \vdots \\ 0 & 0 & \cdots & W_n(U_l, V_l, T_l) \end{pmatrix}$$

$$Y = \begin{pmatrix} Y_1 \\ Y_2 \\ \vdots \\ Y_n \end{pmatrix}, \quad X = \begin{pmatrix} 1 & X_{11} & \cdots & X_{1m} \\ 1 & X_{21} & \cdots & X_{2m} \\ \vdots & \vdots & \ddots & \vdots \\ 1 & X_{n1} & \cdots & X_{nm} \end{pmatrix}, \quad \varepsilon = \begin{pmatrix} \varepsilon_1 \\ \varepsilon_2 \\ \vdots \\ \varepsilon_n \end{pmatrix}$$

故而,在点 (U_l, V_l, T_l) 处的参数估计表示为

$$\hat{\beta}_k(U_l, V_l, T_l) = [X^T W(U_l, V_l, T_l) X]^{-1} X^T W(U_l, V_l, T_l) Y$$

$$(6-5)$$

6.2.2 时空加权局部线性核估计 (GTWR) 方法

由古丽斯坦库尔班尼亚孜(2015)给出的时空加权局部线性核估计方法是上述时空加权 Nadaraya-Watson 核估计的改进,其原理是假设 $f(x)$ 在 x_0 附近有二阶导数,则在 x_0 的某一邻域有 $f(x) \approx f(x_0) + f'(x_0)(x - x_0)$,模型近似为 $\hat{Y} = \beta_0 + \beta_1(X_i - x_0) + \epsilon$,对于任取的 $x_0 \in D$, $f(x_0)$ 的时空加权局部线性核估

计为

$$\hat{f}_h(x_0)=\underset{\hat{y}}{\arg\min}\sum_{i=1}^{n}\left[Y_i-\beta_0-\beta_1(X_i-x_0)\right]^2 K_h(X_i-x_0)$$

假设模型的系数 $\beta_k(U,V,T)$ 在研究区域内任意一点 (U_l,V_l,T_l) 处有连续偏导数,根据泰勒公式得到在 (U_l,V_l,T_l) 邻域内的线性函数逼近,即

$$\beta_k(U,V,T)\approx\beta_k(U_l,V_l,T_l)+\beta_k^{(U)}(U_l,V_l,T_l)(U-U_l)+$$

$$\beta_k^{(V)}(U_l,V_l,T_l)(V-V_l)+\beta_k^{(T)}(U_l,V_l,T_l)(T-T_l)$$

其中 $\beta_k^{(U)}(U_l,V_l,T_l)$, $\beta_k^{(V)}(U_l,V_l,T_l)$ 和 $\beta_k^{(T)}(U_l,V_l,T_l)$ 分别表示 $\beta_k(U,V,T)$ 关于 U,V,T 的偏导数在 (U_l,V_l,T_l) 处的值。各回归系数函数 $\beta_k(U,V,T)$, $i=1,2,\cdots,m$ 在 (U_l,V_l,T_l) 处得到的列向量和关于 U,V,T 的一阶偏导数构成的列向量为

$$\beta(U_l,V_l,T_l)=\begin{bmatrix}\beta_0(U_l,V_l,T_l)\cdots\beta_m(U_l,V_l,T_l)\\\beta_0^{(U)}(U_l,V_l,T_l)\cdots\beta_m^{(U)}(U_l,V_l,T_l)\\\beta_0^{(V)}(U_l,V_l,T_l)\cdots\beta_m^{(V)}(U_l,V_l,T_l)\\\beta_0^{(T)}(U_l,V_l,T_l)\cdots\beta_m^{(T)}(U_l,V_l,T_l)\end{bmatrix}$$

$$=[\beta_C(U_l,V_l,T_l),\beta^{(U)}(U_l,V_l,T_l),$$
$$\beta^{(V)}(U_l,V_l,T_l),\beta^{(T)}(U_l,V_l,T_l)]^T$$

令模型中 $k=0$ 时, $X_{i0}=1$,得到式子

$$Y_i=\sum_{k=0}^{m}\beta_k(U_i,V_i,T_i)X_{ik}+\varepsilon_i,\quad i=1,2,\cdots,n \tag{6-6}$$

对其进行估计,使目标函数 $\sum_{i=1}^{n}\left\{Y_i-\sum_{k=0}^{m}[\beta_k(U_l,V_l,T_l)+\beta_k^{(U)}(U_l,V_l,T_l)(U_i-U_l)+\beta_k^{(V)}(U_l,V_l,T_l)(V_i-V_l)+\beta_k^{(T)}(U_l,V_l,T_l)(T_i-T_l)]X_{ik}\right\}^2 W_i(U_l,V_l,T_l)$ 达到最小,其中

$$X_{ik}(U_l,V_l,T_l)=[X_C(U_l,V_l,T_l),X_U(U_l,V_l,T_l),$$
$$X_V(U_l,V_l,T_l),X_T(U_l,V_l,T_l)] \tag{6-7}$$

而

$$X_C(U_l, V_l, T_l) = \begin{bmatrix} X_{10} & \cdots & X_{1m} \\ X_{20} & \cdots & X_{2m} \\ \vdots & \ddots & \vdots \\ X_{n0} & \cdots & X_{nm} \end{bmatrix}$$

$$X_U(U_l, V_l, T_l) = \begin{bmatrix} X_{10}(U_1 - U_l) & \cdots & X_{1m}(U_1 - U_l) \\ X_{20}(U_2 - U_l) & \cdots & X_{2m}(U_2 - U_l) \\ \vdots & \ddots & \vdots \\ X_{n0}(U_n - U_l) & \cdots & X_{nm}(U_n - U_l) \end{bmatrix}$$

$$X_V(U_l, V_l, T_l) = \begin{bmatrix} X_{10}(V_1 - V_l) & \cdots & X_{1m}(V_1 - V_l) \\ X_{20}(V_2 - V_l) & \cdots & X_{2m}(V_2 - V_l) \\ \vdots & \ddots & \vdots \\ X_{n0}(V_n - V_l) & \cdots & X_{nm}(V_n - V_l) \end{bmatrix}$$

$$X_T(U_l, V_l, T_l) = \begin{bmatrix} X_{10}(T_1 - T_l) & \cdots & X_{1m}(T_1 - T_l) \\ X_{20}(T_2 - T_l) & \cdots & X_{2m}(T_2 - T_l) \\ \vdots & \ddots & \vdots \\ X_{n0}(T_n - T_l) & \cdots & X_{nm}(T_n - T_l) \end{bmatrix}$$

各回归系数函数 $\beta_k(U, V, T)$，$i = 1, 2, \cdots, m$ 在 (U_l, V_l, T_l) 处构成的列向量和关于 U, V, T 的偏导数所构成的列向量的矩阵表示为：

$$\begin{aligned} \hat{\beta}(U_l, V_l, T_l) &= \begin{bmatrix} \hat{\beta}_0(U_l, V_l, T_l) \cdots \hat{\beta}_m(U_l, V_l, T_l) \\ \hat{\beta}_0^{(U)}(U_l, V_l, T_l) \cdots \hat{\beta}_m^{(U)}(U_l, V_l, T_l) \\ \hat{\beta}_0^{(V)}(U_l, V_l, T_l) \cdots \hat{\beta}_m^{(V)}(U_l, V_l, T_l) \\ \hat{\beta}_0^{(T)}(U_l, V_l, T_l) \cdots \hat{\beta}_m^{(T)}(U_l, V_l, T_l) \end{bmatrix} \\ &= \big[\hat{\beta}_C(U_l, V_l, T_l), \hat{\beta}^{(U)}(U_l, V_l, T_l), \\ &\quad \hat{\beta}^{(V)}(U_l, V_l, T_l), \hat{\beta}^{(T)}(U_l, V_l, T_l) \big]^T \\ &= [X_{ik}^T W(U_l, V_l, T_l) X_{ik}]^{-1} X_{ik}^T W(U_l, V_l, T_l) Y \end{aligned}$$

其中 $W(U_l, V_l, T_l)$、Y 与时空加权 Nadaraya-Watson 核估计方法介绍中的一致。对应系数估计矩阵为

$\hat{\beta}(U_l, V_l, T_l)$

$= [\hat{\beta}_C(U_l, V_l, T_l), \hat{\beta}^{(U)}(U_l, V_l, T_l), \hat{\beta}^{(V)}(U_l, V_l, T_l), \hat{\beta}^{(T)}(U_l, V_l, T_l)]^T$

$$= \begin{bmatrix} (I_{m+1}, 0_{m+1}, 0_{m+1}, 0_{m+1})[X_{ik}^T W(U_l, V_l, T_l)X_{ik}]^{-1}X_{ik}^T W(U_l, V_l, T_l)Y \\ (0_{m+1}, I_{m+1}, 0_{m+1}, 0_{m+1})[X_{ik}^T W(U_l, V_l, T_l)X_{ik}]^{-1}X_{ik}^T W(U_l, V_l, T_l)Y \\ (0_{m+1}, 0_{m+1}, I_{m+1}, 0_{m+1})[X_{ik}^T W(U_l, V_l, T_l)X_{ik}]^{-1}X_{ik}^T W(U_l, V_l, T_l)Y \\ (0_{m+1}, 0_{m+1}, 0_{m+1}, I_{m+1},)[X_{ik}^T W(U_l, V_l, T_l)X_{ik}]^{-1}X_{ik}^T W(U_l, V_l, T_l)Y \end{bmatrix}$$

$$(6-8)$$

令 $l = i$，$\quad i = 1, 2, \cdots, n$。对应系数函数估计值为：

$$\hat{\beta}_C(U_l, V_l, T_l) = (I_{m+1}, 0_{m+1}, 0_{m+1}, 0_{m+1})$$
$$[X_{ik}^T W(U_l, V_l, T_l)X_{ik}]^{-1}X_{ik}^T W(U_l, V_l, T_l)Y$$

6.3　权函数和带宽参数

时空加权变系数回归模型是通过权函数 W 反映各个数据的时空关系,权重使得模型可以正确地检测时空异质性和非平稳性,具有核心地位,在其被进行局部估计时,权函数的选择对估计方法的精确性至关重要。观测值的位置关系和时间关系对参数估计存在重要影响,即离数据点 (U_i, V_i, T_i) 近,对参数估计贡献较大;离数据点 (U_i, V_i, T_i) 远,对参数估计贡献较小。常用的权函数有时空加权高斯核函数法、时空加权自适应双平方加权核函数法以及三立方核函数法等,下面仅介绍时空加权高斯核函数法和时空加权自适应双平方加权核函数法。这两种方法在李琦(2014)的研究中都有体现。

6.3.1　时空加权高斯核函数

时空加权高斯核函数的形式为：

$$W_j(U_l, V_l, T_l) = \frac{1}{\sqrt{2\pi}} \exp\left[-\frac{1}{2}\left(\frac{d_{lj}}{h}\right)^2 \right], \ l, j = 1, 2, \cdots, n$$

$$(6-9)$$

计算任一数据点 (U_l, V_l, T_l) 与某数据点 (U_j, V_j, T_j) 的时空加权高斯核函数变形后的形式为：

$$W_j(U_l, V_l, T_l) = W[(U_l, V_l, T_l)(U_j, V_j, T_j)]$$

$$= \exp\left[-\frac{1}{2}\left(\frac{d_{lj}}{h}\right)^2\right]$$

$$= \exp\left\{\left(-\frac{1}{2}\frac{\lambda[(U_l-U_j)^2+(V_l-V_j)^2]+\mu(T_l-T_j)^2}{h^2}\right)\right\}$$

$$= \exp\left\{-\frac{1}{2}\frac{(U_l-U_j)^2+(V_l-V_j)^2}{h_a^2}\right\}\exp\left\{-\frac{1}{2}\frac{(T_l-T_j)^2}{h_b^2}\right\}$$

$$= W_j(U_l, V_l)\cdot W_j(T_l), \quad l, j = 1, 2, \cdots, n$$

其中，d_{lj} 表示数据点 (U_l, V_l, T_l) 与 (U_j, V_j, T_j) 坐标间的时空欧式距离，d^S 和 d^T 则分别表示空间上的距离和时间上的距离：

$$d_{ij} = d[(U_l, V_l, T_l)(U_j, V_j, T_j)]$$

$$= \lambda d^S + \mu d^T$$

$$= \sqrt{\lambda[(U_l-U_j)^2+(V_l-V_j)^2]+\mu(T_l-T_j)^2}, \quad l, j = 1, 2, \cdots, n$$

此外，λ 和 μ 被称为比例因子来调整时间距离和空间距离的关系。h 为时空带宽参数，$h_a = \sqrt{\dfrac{h^2}{\lambda}}$ 为空间带宽参数，$h_b = \sqrt{\dfrac{h^2}{\mu}}$ 时间带宽参数。当带宽 h 给定后，若距离 $d_{lj} = 0$，则权重达到最大值 $W = 1$；当各数据点间的距离越大时，权重就越接近于零，则可忽略该数据点对估计的影响。

6.3.2 时空加权自适应双平方加权核函数法

这是一种自适应权重机制，以任一数据点 (U_l, V_l, T_l) 为圆心，带宽 h 为半径构成的球，在此范围内借助一连续单调递减函数来计算数据点权重。其中，使用连续单调递减函数来计算数据点的权重，并根据数据点的密度自动调整带宽，若数据点超出了观测范围，则将权重定义为 0。如果数据点密度较高，则带宽会较小；如果数据点密度较低，则带宽会较大。这样可以确保在数据密集的区域，权重的作用范围较小，而在数据稀疏的区域，权重的作用范围较大。

计算时空加权变系数回归模型的任一数据点 (U_l, V_l, T_l) 与某数据点 (U_j, V_j, T_j) 的时空加权自适应双平方加权核函数的形式为：

$$W_j(U_l, V_l, T_l) = W[(U_l, V_l, T_l)(U_j, V_j, T_j)]$$

$$= \begin{cases} \left[1 - \left(\dfrac{d_{lj}}{h}\right)^2\right]^2, & d_{lj} \leqslant h \\ 0, & d_{lj} > h \end{cases}$$

$$= \begin{cases} \left[1 - \dfrac{\lambda[(U_l - U_j)^2 + (V_l - V_j)^2] + \mu(T_l - T_j)^2}{h^2}\right]^2, & d_{lj} \leqslant h \\ 0, & d_{lj} > h \end{cases}$$

$$= \begin{cases} \left[1 - \dfrac{(U_l - U_j)^2 + (V_l - V_j)^2}{h_a^2} - \dfrac{(T_l - T_j)^2}{h_b^2}\right]^2, & d_{lj} \leqslant h \\ 0, & d_{lj} > h \end{cases}$$

$$= \begin{cases} [1 - W_j(U_l, V_l) - W_j(T_l)]^2, & d_{lj} \leqslant h \\ 0, & d_{lj} > h \end{cases}$$

这种自适应权重机制可以更好地适应数据的空间变化和密度变化,提供更准确的回归结果。根据数据点的密度动态调整带宽,可以减少估计的偏差和方差,从而更好地反映数据的真实空间特征。在实际应用中,可以选择不同的连续单调递减函数作为权重函数,例如高斯函数或指数函数。带宽的选择可以根据数据的密度情况进行调整,可以使用一些启发式的规则或基于经验的方法来确定合适的带宽值。

总之,使用自适应权重机制并根据数据点的密度来调整带宽,可以在地理加权回归分析中更好地处理数据的空间变化和密度变化,提供更准确的估计结果。

6.3.3　时空加权带宽参数

时空加权下的权函数选择后,时空加权带宽的参数大小对模型估计至关重要,直接控制着估计函数的光滑度,h 值过大或过小都会导致核函数拟合不足或过度拟合。当带宽较大时估计偏差就越大,估计的回归曲线就越光滑,导致拟合不足,带宽较小时偏差虽变小却使估计方差偏大,估计回归函数曲线的波动就越大,导致过拟合。下面利用最小二乘交叉验证法来选取。此方法选择带宽不需要知道带宽的形式,也不需要假定密度函数、回归函数以及协变量的密度函数的形式。

确定时空加权下权函数的前提是确定时空加权带宽参数 h_a 与 h_b,利用最小二乘交叉验证法使得下面的交叉验证函数达到最小：

$$CV(h_a, h_b) = \frac{1}{n} \sum_{i=1}^{n} [Y_i - \hat{\beta}_k(U_{-i}, V_{-i}, T_{-i})]^2$$

其中，$\hat{\beta}_k(U_{-i}, V_{-i}, T_{-i})$ 是 $\hat{\beta}_k$ 在 (U_{-i}, V_{-i}, T_{-i}) 处的单一估计，令 $(\hat{h}_a, \hat{h}_b)$ 为使得上面的 CV 函数达到最小的带宽，(h_a, h_b) 为最优窗宽。有下面结论：$\frac{\hat{h}_a}{h_{a0}} TM^P 1，\frac{\hat{h}_b}{h_{b0}} TM^P 1$。换句话说，在 h_{a0} 和 h_{b0} 的定义域内选择相应的实数对来计算 $CV(h_a, h_b)$ 的值，选择合适的 h_{a0} 和 h_{b0} 使 $CV(h_a, h_b)$ 达到最小：

$$CV(h_{a0}, h_{b0}) = \min_{h_a > 0, h_b > 0} CV(h_a, h_b) \tag{6-10}$$

6.4 时空非平稳性检验

时空非平稳性是指随时间和空间变化的数据在统计特性上表现出不一致性，即统计量（如均值、方差、自相关等）随时间和空间位置变化而不稳定。检验时空非平稳性是时空数据分析中的重要步骤，有助于识别数据的时空异质性，选择合适的模型和方法。本节根据肖燕婷等（2013）对模型的回归关系进行非平稳性检验，即检验模型是否与时间属性、空间属性有关。

6.4.1 相对时间的非平稳性检验

首先考虑的问题是回归模型是否与时间有关。

原假设 H_{00}：所有系数不随时间变化，

回归系数 $\beta_k = \beta_k(U_i, V_i)，k = 1, \cdots, m; i = 1, \cdots, n;$

备择假设 H_{01}：某些系数会随时间变化，

$$\beta_k = \beta_k(U_i, V_i, T_i)，k = 1, \cdots, m; i = 1, \cdots, n。$$

构造广义似然比统计量：

$$L_1 = \frac{[ESS(H_{00}) - ESS(H_{01})]/\delta_{00}}{ESS(H_{01})/\delta_{01}} \tag{6-11}$$

其中，$ESS(H_{00})$ 为原假设成立时的残差平方和，$ESS(H_{01})$ 为备择假设成立时的残差平方和。

$$\delta_{00} = \text{tr}[R(H_{00}) - R(H_{01})]$$
$$\delta_1 = \text{tr}[R(H_{01})]$$

备择假设成立时,将各指标代入公式即可得到:

$$\text{ESS}(H_{01}) = Y^T(I-H)^T(I-H)Y$$

$\text{ESS}(H_{01})$ 表示与假设 H_{01} 有关,

$$R(H_{01}) = (I-H)^T(I-H)$$

在原假设成立时计算 $\text{ESS}(H_{00})$,同一时刻的所有观测点 (U_i, V_i, T_i) 到另一时刻的所有观测点 (U_j, V_j, T_j) 的距离与时间无关,将各指标代入公式即可得到 $\hat{Y} = H_{00}Y$。

则 $\text{ESS}(H_{00}) = Y^T(I-H_{00})^T(I-H_{00})Y$,

从而 $R(H_{00}) = (I-H_{00})^T(I-H_{00})$。

检验的 p 值表示为 $p = P_{H_0}(L_1 > t)$。

6.4.2　相对空间的非平稳性检验

考虑的问题是回归模型是否与空间位置有关。

原假设 H_{10}:系数不随空间变化,

$$\beta_k = \beta_k(T), \ k = 1, \cdots, m;$$

备择假设 H_{11}:部分系数随空间位置变化。

相应的统计量为:

$$L_2 = \frac{[\text{ESS}(H_{10}) - \text{ESS}(H_{11})]/\delta_{10}}{\text{ESS}(H_{11})/\delta_{11}} \tag{6-12}$$

其中

$$\delta_{10} = \text{tr}[R(H_{10}) - R(H_{11})]$$
$$\delta_{11} = \text{tr}[R(H_{11})]$$
$$\text{ESS}(H_{10}) = Y^T(I-H_{10})^T(I-H_{10})Y$$
$$\text{ESS}(H_{11}) = Y^T(I-H_{11})^T(I-H_{11})Y$$

原假设 H_{10} 表示所有系数不随空间位置变化,则观测点 (U_i, V_i, T_i) 到另一任意观测点 (U_j, V_j, T_j) 的距离与空间位置无关,$R(H_{10}) = (I - H_{10})^T (I - H_{10})$,$R(H_{11}) = (I - H)^T (I - H)$。

检验的 p 值为 $p = P_{H_0}(L_2 > t)$,其中 t 为利用观测数据由统计量 L_2 的表达式求得的统计量的观测值。

6.5 本章小结

第 6 章深入探讨了时空变系数回归模型,这是一种能够捕捉时空数据异质性的高级模型。本章给出了时空变系数回归模型的相关理论基础。首先介绍了时空加权变系数回归模型的基本原理和形式,强调了考虑空间和时间变化对回归系数的影响。其次介绍了局部估计方法,以及选择权函数和确定带宽参数的方法。接着介绍了时空非平稳性检验的方法,用于检验时空数据是否具有非平稳性。最后介绍了改进的双尺度差分方程迭代算法,用于估计时空变系数回归模型中的参数。权函数和带宽参数的选择对于变系数模型的准确性至关重要。本章讨论了如何根据数据特性和研究目的选择适当的权函数和带宽参数,以及如何评估它们的选择对模型结果的影响。

最后,本章总结了时空变系数回归模型的主要概念、方法和应用。通过本章的学习,读者应该能够理解变系数模型的复杂性,并能够在适当的情境下应用这些模型来分析时空数据。这为后续的方法研究和应用提供了基础,同时也为读者理解和分析非平稳时空数据提供了重要的理论指导。

~~~~~~~~ 思考与练习题 ~~~~~~~~

思考题:

1. 变系数模型如何适应时空数据的异质性?

2. 权函数和带宽参数在变系数模型中的作用是什么?

3. 时空非平稳性对模型估计和推断有何影响?

练习题:

　　1.尝试在一组时空数据中应用变系数回归模型,并解释模型结果。

　　2.选择一个实际问题,比较常系数模型和变系数模型在分析该问题时的差异。

　　3.讨论并实施时空非平稳性检验的步骤,并解释其在模型选择中的重要性。

时空统计学应用案例

7.1 基于 ArcGIS 软件对徐家汇街道英语培训机构的区位因素进行分析

- **数据准备**：收集徐家汇街道的地理边界数据和英语培训机构的点位数据。
- **地图制作**：在 ArcMap 中加载数据，设置图层样式，添加图例和标注。
- **空间分析**：使用 ArcToolbox 中的工具，分析英语培训机构的空间分布特征。

本案例使用 ArcGIS 软件，依据地理空间关系进而实现采集、编辑、存储、处理信息，空间分析、分析和数据可视化等操作，将待研究的不同地理要素通过构建 Shapefile 图层文件整合在一起，并对不同的图层要素进行编辑，设置参数，运用 ArctoolBox 分析工具对上海市徐家汇街道英语培训机构进行探索性空间分析。

7.1.1 假设猜想

基于生活经验并在网上获取相关知识，对在徐家汇街道开办英语培训机构的区位影响因素做出猜想，包括交通、客源、地价和避免同行竞争等因素。

7.1.2 收集数据

使用互联网、地图与相关软件搜索并收集选址相关区位要素的数据。通过第三方消费点评软件查询人气排名前十的英语培训机构的位置。发布问卷，获取受众群体认为培训机构应有的区位条件。通过地图软件查询徐家汇街道地铁站、学校、商务楼的分布及其可能的影响范围。通过买房软件查询各个居委会所属小区的平均房价并进行统计,得出各居委会辖区的房价平均值,来确定该区域的大致地价。汇总多类型的数据,为之后的作图分析做好铺垫。

7.1.3　绘制地图并进行综合分析

使用 ArcMap 软件,根据底图,确定徐家汇街道的范围、道路、英语机构、学校、商务楼、地铁站等相关地理要素,以矢量图的形式绘制出来,并通过点、线、面图层进行叠加的方式录入软件。通过所绘制的图形,可以得出各要素的分布以及它们之间的关联,为之后进一步的制图和分析打下基石。通过买房软件查询各个居委会所属小区的平均房价并进行统计,得出各居委会辖区的房价平均值,来确定该区域的大致地价。步骤如下:

7.1.3.1　将地图导入软件,并进行初步的空间数据采集与组织

(1) 获取徐家汇街道的地图。

(2) 创建文件夹,将地图文件放入文件夹。

(3) 打开 ArcMap 软件,打开目录,右击文件夹链接,链接到之前创建的文件夹。

(4) 单击文件夹左边加号,打开,将文件夹中准备的地图左键长按拖入页面左侧的"内容列表"区域。页面中会弹出为该地图创建金字塔的窗口,勾选"是",地图将显示在屏幕中间区域。

7.1.3.2　绘制基础 Shapefile 底图

(1) 右击文件夹,单击新建,单击"Shapefile(S)"。弹出的窗口中,将名称命名为"徐家汇街道范围",要素类型修改为"面",单击确定。右侧内容列表—图层一栏便会出现"徐家汇街道范围"的图层。

(2) 单击页面上侧的"编辑器工具条",便会在下方出现新的一栏,其中包含"编辑器""编辑工具""创建要素"等。

(3) 单击"创建要素",左侧出现"创建要素"窗口,单击该窗口中的"徐家汇街道范围",鼠标回来后由箭头变成十字,进入编辑状态。

(4) 在新的一栏中选择"直线段",从最北端开始,逆时针沿着徐家汇街道范围开始绘制,通过不断放置控制点,将徐家汇街道范围绘制下来。

(5) 当绘制一圈回到起点时双击,矢量图层便绘制完毕。

(6) 右击文件夹,单击新建,单击"Shapefile(S)"。弹出的窗口中,将名称命名为"道路",要素类型修改为"折线",单击确定。

(7) 单击"创建要素",单击"创建要素"窗口中的"道路",在图中根据地图画

出每一条道路,同样以双击结束一条道路的绘制。绘完结果如图 7-1 所示。

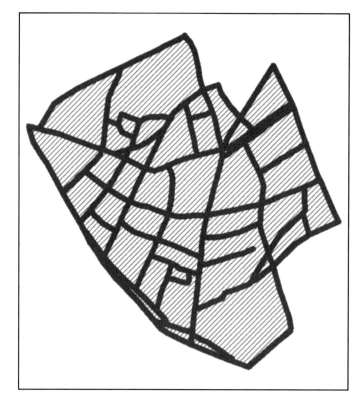

图 7-1　徐家汇街道基础 shp 图

7.1.3.3　标注底图相关要素

(1) 右击文件夹,单击新建,单击"Shapefile(S)"。弹出的窗口中,将名称命名为"英语培训机构",要素类型修改为"点",单击确定。在地图上标出前期搜集到徐家汇街道已有英语培训机构。

(2) 如上述操作,继续创建名为"地铁站""商场、写字楼""学校"的点要素,并按前期查询到的位置,在图层上标出。

(3) 在左侧图层列表中,将"徐家汇街道.jpg"前方框中的勾取消掉,不再显示原始底图。

(4) 单击"插入",选择"图例",在"图例项"中放入"英语培训机构"、"地铁站"等之前创建的图层。单击"预览",然后单击"完成",将图例放置于左下角。如图 7-2 所示。

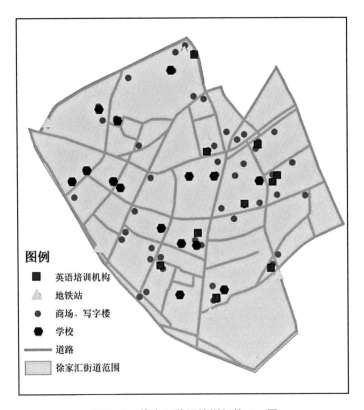

图例

■ 英语培训机构

▲ 地铁站

● 商场、写字楼

⬡ 学校

—— 道路

▨ 徐家汇街道范围

图 7 - 2 徐家汇英语培训机构 shp 图

7.1.3.4 绘制道路缓冲区

（1）选中内容列表中之前创建的"道路"图层，单击"缓冲向导"，在"缓冲哪些数据？"选项框中，选择"图层中的要素"，选中"道路"，勾选"仅使用所选要素"，单击"下一步"。

（2）勾选"以指定的距离"，输入"50"米（该数据来源于前期调研所得），"距离单位为(U)："选择为"米"，单击下一步。

（3）在"融合缓冲区之间的障碍？"中选择"是"。在"指定缓冲区的保存位置"中选择"保存在新图层中(L)，指定输出 Shapefile 或要素类："，单击浏览，找到之前所链接的文件夹，保存类型中选择"Shapefile"，名称默认为"道路_缓冲.shp"，单击"保存"，单击"完成"。

（4）取消勾选"道路"要素。

（5）如图 7 - 3 所示，新生成的"道路_缓冲"面图层，以道路为中心，50 米范

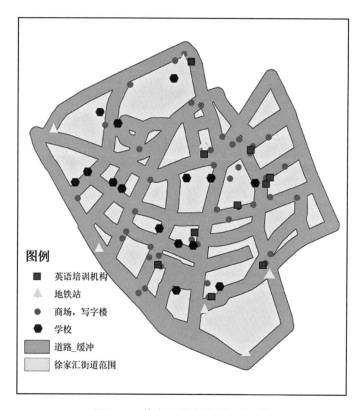

图例

■ 英语培训机构

△ 地铁站

● 商场，写字楼

⬢ 学校

▨ 道路_缓冲

▨ 徐家汇街道范围

图 7 - 3　徐家汇道路缓冲区 shp 图

围内的缓冲区。

7.1.3.5　绘制要素缓冲区

（1）单击"缓冲向导"，选中"图层中的要素"，选择"地铁站"，单击下一步。

（2）选中"以指定的距离"，输入"550"米，单击"下一步"。

（3）在"缓冲区输出类型"中"融合缓冲区之间的障碍？"，选择"是"。保存于链接文件夹，保存类型为"Shapefile"，单击完成。

（4）按照上述步骤，分别为"学校""商场，写字楼"建立缓冲区，这两者距离均设置为"150"米。

（5）注意调整颜色，保障可清晰分辨，如图 7 - 4 所示。

在确定了作为例子的 10 家英语培训机构的空间分布之后，对于其所在位置周边的环境和各要素进行观察、分析、研究之后，发现那些店都是沿道路分布，且附近几乎都有学校、商务楼、地铁站等要素，便可确定这些要素的确会对培训机

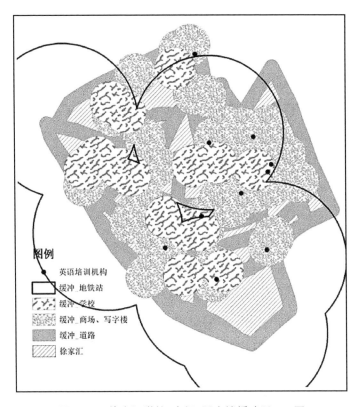

图 7 - 4　徐家汇学校、商场、写字楼缓冲区 shp 图

构的分布造成影响。

交通方面,沿道路和在地铁站辐射范围内为其提供了交通便利,可以方便学生上下学。通过调查得出,学生更愿意去有便利交通条件的机构学习,因此距离道路和地铁近能为培训机构赢得竞争优势。

客源方面,由于培训机构的学生大多是在校学生或者在职工作者,因此距离学校或者商场、写字楼近,能让其受众在放学或下班之后直接前往,较为便利。同时,学校、写字楼周围也是其目标群体经常活动的范围,使得培训机构的广告或者店面可以被他们经常看见,从而潜移默化地宣传,节省了部分宣传费用。在商场这类人流量密集区附近的话,虽然路过的潜在客户较少,但能让更多人知道机场的存在,扩大了其影响力,同时由于周围有完善的休闲、交通体系,能够产生商业集聚,有利于吸引客流。分布在上海交通大学等知名高等院校旁边也可以使得该教育机构显得更专业,学术氛围更加浓厚。根据调查结果,更多人愿意在高等名校附近学习,因此这也能使得培训机构拥有更好的客源优势。

为了使这些要素结合起来,同时更具备合理性和科学性,笔者在网络上进行了搜索,确定了各个要素可能的辐射范围,并利用 ArcMap 软件对各要素进行了缓冲区绘制。其中,道路辐射范围两侧 50 米,商场、写字楼和学校是半径为 150 米的圆,地铁为半径为 550 米的圆。

7.1.3.6 取缓冲区的交集

(1) 单击"ArcToolbox",在弹出的窗口中,找到"分析工具"里的"叠加分析",选择"相交"。

(2) "输入要素"里面,加入"学校合_缓冲""商场,写字楼合_缓冲""道路_缓冲""地铁融合_缓冲"。

(3) 在"输出要素类"中,名称输入为"四要素融合相交",单击保存,单击确定。

(4) 经过 ArcMap 软件处理过后,出现新的名为"四要素融合相交"的图层。

(5) 将"学校合_缓冲""商场,写字楼合_缓冲""道路_缓冲""地铁融合_缓冲"的勾选去掉,得到视图如图 7-5 所示。

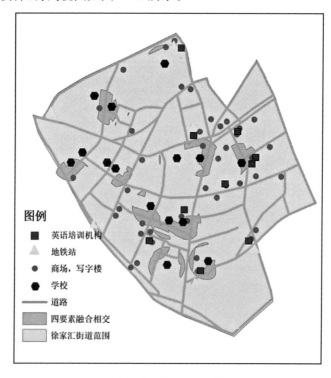

图 7-5 叠 加 分 析

7.1.3.7　绘制英语培训机构缓冲区

（1）在"缓冲向导"中，选中"图层中的要素"，选择"英语培训机构"，单击下一步。

（2）选中"以指定的距离"，输入"300"米，单击"下一步"。

（3）在"缓冲区输出类型"中"融合缓冲区之间的障碍?"，选择"是"。保存于链接文件夹，保存类型为"Shapefile"，单击完成。

（4）图层只保留"道路""四要素融合相交""英语机构合_缓冲""徐家汇街道范围"，如图7-6所示。

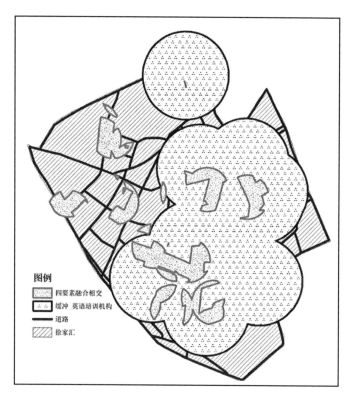

图例
四要素融合相交
缓冲 英语培训机构
道路
徐家汇

图7-6　徐家汇街道英语培训机构缓冲区

7.1.3.8　将交集中处于英语机构缓冲区的部分删去

在得出的初步推荐选址当中，可以发现许多地方已经开有排名前十的英语培训机构。作为新店选址，我们应尽量避免开在已有成熟体系及大量客源的同行业店铺旁边，以避免激烈的恶性竞争、功能重复和资源浪费。同时，作为口碑还未传播开来的新店，客源还不稳定，客人可能会被老店所吸引，导致最终的失败。因此以现有机构为圆心，以 300 米为半径，作现有机构的缓冲区，然后利用 ArcMap 软件所带有的擦除功能，将位于缓冲区内的推荐选址擦除，进而得出最终推荐。

（1）单击"ArcToolbox"，找到"分析工具"当中的"叠加分析"，选择"擦除"。

（2）"输入要素"中选择"四要素融合相交"，"擦出要素"中选择"英语机构合缓冲"单击"确定"。

（3）将新生成的命名为"建议选址"的图层，如图 7 - 7 所示。

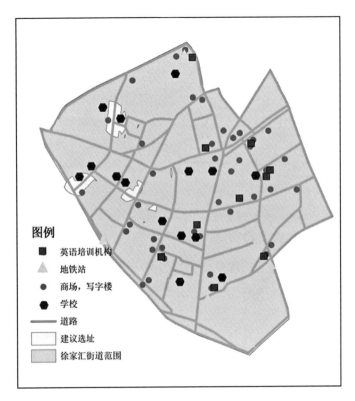

图 7 - 7　建议选址 shp

7.1.3.9　显示每个区域的成本进行决策

（1）重新勾选显示原始底图。

（2）右击文件夹，单击新建，单击"Shapefile(S)"。弹出的窗口中，将名称命名为"均价"，要素类型修改为"面"，单击确定。右侧内容列表-图层一栏便会出现"均价"图层。

（3）单击页面上侧的"编辑器工具条"，便会在下方出现新的一栏，其中包含

"编辑器""编辑工具""创建要素"等等。

（4）单击"创建要素"，左侧出现"创建要素"窗口，单击该窗口中"均价"图层，鼠标回来后由箭头变成十字，进入编辑状态。

（5）在新的一栏中选择"直线段"，从最北端开始，逆时针沿着各个小区开始绘制，通过不断放置控制点，每当画完一个小区的范围，回到起点时双击，一个小区的图层便绘制完毕。

（6）不要退出，画完一个小区后，我们能发现相邻小区之间有共同的边界。

（7）单击相交边界的第一个控制点，此时是"直线段"工具，该选择第三个按钮"追踪"，意思在绘制的 Shapefile 文件上追踪其原有的边界控制线。单击最北端的控制点，移动鼠标，便会自动捕捉原有的控制线，开始绘制共有边界，共有边界最终完后单击，便会发现共有边界绘制完成。

（8）回到直线段，挨个绘制边界，完成每个小区的绘制。

（9）右击"均价"图层，单击打开属性表。

（10）单击表选项，单击"添加字段"，名称填写"均价"，单击完成。

（11）双击每个小区的均价表格，按照先前收集的数据，挨个填写每个小区的均价，完成后关闭表格，保存编辑内容。

（12）去掉原始底图。右击"均价"图层，单击"属性"。

（13）选择"符号系统"，在"显示"中单击数量，单击"分级色彩"。

（14）在"值"字段中选择"均价"，在"自然断电分级法"中选择为"9"类，单击运用。便能显示不同小区、地块的均价。

（15）右击文件夹，单击新建，单击"Shapefile(S)"。弹出的窗口中，将名称命名为"推荐选址"，要素类型修改为"面"，单击确定。右侧内容列表-图层一栏便会出现"推荐选址"图层。

（16）单击"编辑器"，选择"弧段"，在原先得到的"建议选址"图层，画出新的图层，方便查看。

（17）最后只保留"建议选址""道路"和"均价"图层，由系统分析可知，最终推荐选址有三个，分别位于最上方的番禺路秀山路口，左下的番禺路凯旋路口，右下的南丹路宜山路口。他们均是既符合四个有利要素条件，又不受可能的不利因素影响的地区，这些便是笔者最推荐的选址地。

为了选择不同房租情况下，英语培训机构所应该采取的营销策略，本案例使用 ArcMap 带有的空间数据可视化表达，将各个居委会的平均地价输入其属性栏,通过将其图层属性改为分级色彩,将徐家汇街道的房租可视化表达出来,如图 7 - 8 所示。

图 7 - 8　徐家汇街道的房租可视化图

从图 7 - 8 可以看出地租排序由低到高排序为:上—番禺路秀山路口<左下—番禺路凯旋路口<右下—南丹路宜山路口。通过地租高低,可以看出右下处居民支付学费能力的最强,因此建议南丹路宜山路处的英语培训机构主打精品高端英语课程,以平衡房租支出。上处居民支付学费能力最弱,如果计划资金有限或主打普通英语课程,推荐选在番禺路秀山路口。

7.1.4　结论

(1)影响英语培训机构的有利因素有:① 临近道路;② 地铁辐射范围内;③ 学校附近;④ 商场、写字楼附近。

(2)影响英语培训机构的不利因素有:临近同行业商家。

（3）英语培训机构推荐选址：① 番禺路秀山路口；② 番禺路凯旋路口；③ 南丹路宜山路口。

（4）经营办学策略（资金和档次从左向右递增）：番禺路秀山路口（普通英语课程或资金有限）＜番禺路凯旋路口＜南丹路宜山路口（高端英语课程或资金充足）。

7.2　基于常系数空间模型上海休闲活动影响因素分析

• **数据分析**：使用 ArcMap 加载上海休闲活动相关的空间数据和影响因素数据。

• **模型构建**：在 ArcToolbox 中选择合适的常系数空间模型工具，设置分析参数。

• **结果展示**：将分析结果可视化，并在地图上展示休闲活动的空间分布和影响因素。

本案例使用的上海居民休闲活动数据来自新浪微博。该平台 2023 年 6 月的月活跃用户数为 5.99 亿，是被广泛使用的中国社交媒体平台之一，用户能通过移动设备平台发布带有地理位置信息的文字、图片和视频。采集时间是 2023 年 6 月 26 日到 2023 年 10 月 7 日，采集方式是使用 Python 的 Selenium 库模拟人工翻页定时获取微博官网上带有上海市定位的签到数据，原始字段包括了用户昵称、签到发布时间、用户标识字段、签到文本、地点、用户主页链接等，后续通过用户主页链接获取到用户性别、用户 IP 字段等信息。休闲活动的确认方式主要参考微博官方对签到点的功能分类，并进行筛选，剔除不具有休闲属性的签到点，并对部分功能分类错误的地点进行修改，删除广告等无关信息。

7.2.1　探索性数据空间分析

通过 LISA 聚集图的分布来看，中心城区街道有明显连片的高值区域，表明上海休闲活动空间溢出效应显著；而在高值区域外围存在环绕一圈的低值区域，是由于休闲活动主要集中在中心城区内部，外围郊区休闲活动密度值锐减，形成了"低—高"聚集区域包围"高—高"聚集区域的特征。

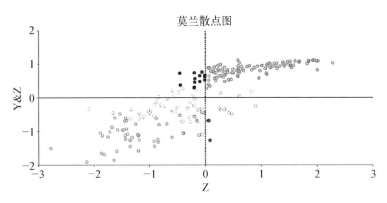

图 7 - 9 上海居民休闲活动莫兰散点图

从莫兰散点图来看,处于"高—高"聚集的第一象限区域数量最多,其次是"低—低"聚集的第三象限,接着是"低—高"聚类的第二象限,"高—低"聚集的第四象限数量最少。

7.2.2 解释变量设计

为进一步研究上海休闲活动空间的影响因素,由于本案例的分析单位是乡镇街道一级,缺乏统一的数据口径,结合已有文献关于居民活动、餐饮、酒吧等特定休闲场所空间布局影响因素,从人口密度、交通条件、土地性质、休闲资源、旅游资源5个方面进行探究。

表 7 - 1 变 量 简 介

变　　量	变量设置	单　　位
人口规模	人口密度	万人/m^2
交通条件	路网密度	km/km^2
	地铁站距离	km
	公交车站距离	km
休闲资源	餐饮服务密度	个/km^2
	住宿服务密度	个/km^2

变　　量	变量设置	单　位
旅游资源	A 级景区距离	km
土地性质	城市功能多样性	—
	休闲功能多样性	—

　　土地用地相关的指标选择了两个,一个是从休闲功能多样性角度出发,另一个是从城市功能多样性出发,分别构建了休闲功能混合度和城市功能混合度,该指标均由 POI 数值计算得出,POI 数据都来自高德。混合度的计算方式和意义与信息熵类似,可以用来描述区域内功能的多样性,计算方式如下:

$$H(X) = -\sum_{i=1}^{n} p_i \log p_i \qquad (7-1)$$

其中,n 表示计算混合度时 POI 的类别数,p_i 代表了某类 POI 占所有 POI 种类数的比例,计算休闲功能混合度的类别参照 3.10 节,城市功能混合度的 POI 种类如表 7-2 所示。休闲功能混合度代表了区域所能提供的休闲服务的多样性,从而更充分地满足人们各种休闲需求。城市功能混合度能够体现区域内城市用地功能的多元化程度。简·雅各布斯提出城市多样性是维持城市活力的重要因素,其中就包括了各类城市设施的多样性。

表 7-2　城市用地分类

用地类型	子 项 描 述
商业服务	购物、体育休闲、金融保险等
工业用地	产业园区、工厂等
交通运输	火车站、停车场等
住宅用地	住宅小区、商务住宅等
公共服务	医院、科教文化等

7.2.3 休闲活动空间依赖影响因素分析

根据地理学第一定律,"任何事物都相关,只是相近的事物关联更紧密",体现了空间之间存在着相关性,也被称为空间依赖性。空间自相关是空间依赖性的定量体现。空间权重矩阵是用来反映事物之间的关联的紧密程度。常用的空间权重矩阵包括邻接矩阵和反距离权重矩阵,空间权重矩阵的设定最重要的目的是合理衡量不同区域之间关联的强弱。

7.2.3.1 模型构建

首先给出不考虑空间关系的普通最小二乘法的回归关系:

$$\ln lei_i = \beta_1 \ln Pop_i + \beta_2 \ln Road_i + \beta_3 Res_i + \beta_4 Hot_i + \beta_5 Sho_i + \beta_6 Poi_i +$$
$$\beta_7 Land_i + \beta_8 Bus_i + \beta_9 Rail_i + \beta_{10} Att_i + \varepsilon_i + C \qquad (7-2)$$

公式中 i 代表第 i 个乡镇街道,lei_i 是第 i 个乡镇街道的休闲活动密度。Pop_i、$Road_i$、Res_i、Hot_i、Sho_i、Poi_i、$Land_i$、Bus_i、$Rail_i$、Att_i 是被解释变量,分别代表了第 i 个乡镇街道的人口密度、路网密度、餐饮密度、住宿密度、购物密度、休闲功能多样性、城市功能多样性、公交车站距离、地铁站距离、A 级景区距离,ε_i 是服从正态分布的随机误差项,C 是截距项,并对 lei_i、Pop_i、$Road_i$ 变量进行对数化处理。

模型构建前想要考虑多元线性回归模型中是否存在多重共线性,需要对模型中的各影响因素进行检验,常采用的检验指标为方差膨胀因子(VIF),各解释变量的 VIF 值如表 7-3 所示。

表 7-3 上海休闲活动影响因素的 VIF 值

变量名称	VIF 值	变量名称	VIF 值
Pop	6.81	Poi	1.84
Road	5.01	Land	1.34
Res	7.43	Bus	1.67
Hot	3.78	Rail	2.49
Sho	6.97	Att	1.43

VIF 值越高,说明解释变量之间的共线性越强,可能会导致模型的不准确。通常 VIF 大于 10,就认为存在严重的多重共线性,其中餐饮密度和购物密度两者的 VIF 值都较大,考虑到餐饮密度在第三章中得出的重要性程度更高,故舍弃购物密度变量,保留餐饮密度。对处理后的多元线性回归模型,再次进行多重共线性检验,各解释变量的 VIF 最大值为 6.53,不超过 7.5,认为模型通过多重共线性的检验。

7.3.3.2　空间横截面数据模型

常见的空间计量模型包括了空间滞后模型(也称为空间自回归模型)、空间误差模型和空间杜宾模型。

1) 空间滞后模型

$$\ln \text{lei}_i = \rho W * \text{lnlei}_i + \beta_1 \text{lnPop}_i + \beta_2 \text{lnRoad}_i + \beta_3 \text{Res}_i + \beta_4 \text{Hot}_i + \\ \beta_5 \text{Poi}_i + \beta_6 \text{Land}_i + \beta_7 \text{Bus}_i + \beta_8 \text{Rail}_i + \beta_9 \text{Att}_i + \varepsilon_i + C$$

空间滞后模型考虑了邻近空间的因变量对自身的影响,表明了某个因变量不仅受到自身自变量的影响,同时还要受到相邻或邻近单元的因变量的影响。

2) 空间误差模型

$$\text{lnlei}_i = \rho W\mu + \beta_1 \text{lnPop}_i + \beta_2 \text{lnRoad}_i + \beta_3 \text{Res}_i + \beta_4 \text{Hot}_i + \\ \beta_5 \text{Poi}_i + \beta_6 \text{Land}_i + \beta_7 \text{Bus}_i + \beta_8 \text{Rail}_i + \beta_9 \text{Att}_i + \varepsilon_i + C$$

空间误差模型考虑了误差项在空间上存在依赖性,表明了遗漏解释变量存在着空间相性,或者不可观测的随机冲击存在着空间相关性。

3) 空间杜宾模型

$$\text{lnlei}_i = \rho W * \text{lnlei}_i + \beta_1 \text{lnPop}_i + \beta_2 \text{lnRoad}_i + \beta_3 \text{Res}_i + \beta_4 \text{Hot}_i + \beta_5 \text{Poi}_i + \\ \beta_6 \text{Land}_i + \beta_7 \text{Bus}_i + \beta_8 \text{Rail}_i + \beta_9 \text{Att}_i + W * X\beta + \varepsilon_i + C$$

空间杜宾模型是空间滞后模型的基础上发展而来,两者都考虑了相邻或邻近单元的因变量溢出,但空间杜宾模型同时考虑了邻近单元自变量的空间滞后,即某个因变量不仅受到自身自变量的影响,同时还要受到邻近单元自变量和因变量的影响。

上述三种模型的检验需要先进行空间自相关的检验,如果变量之间存在空间自相关,则使用上述三种模型,否则使用普通最小二乘估计即可。如果存在空间自相关,观察 LM - lag 和 LM - error,LM - lag 用于检验空间自回归模型,LM - error用于检验空间误差模型。若其中一个通过显著性检验,那么直接做出选择,模型选择结束,若都不显著选择 OLS 估计;若二者均通过检验则继续向下考察 Robust LM‐lag 和 Robust LM‐error。Robust LM‐lag 对应空间自回归模型,Robust LM‐error 对应空间误差模型。

针对空间杜宾模型的选择,常用的方法是进行似然比检验(LR 检验)或者沃尔德检验(Wald 检验),来判断空间杜宾模型是否可以简化为空间滞后模型或者空间误差模型,也可以先建立空间杜宾模型,根据对数似然值、赤池信息准则(Akaike information criterion,AIC)和贝叶斯信息准则(Bayesian information criterion,BIC)等判断标准选择最终的模型,本书通过对数似然值的方式选取最优模型。LM 检验结果如表 7‐4 所示。

表 7‐4 LM‐lag、LM‐error 检验结果

检 验 类 型	统计量	自由度	p 值
空间误差模型:			
Moran's I	0.997	1	0.319
Lagrange multiplier	0.158	1	0.691
稳健 Lagrange multiplier	4.789	1	0.029
空间滞后模型:			
Lagrange multiplier	12.049	1	0.001
稳健 Lagrange multiplier	16.681	1	0.000

LM 检验中 LM‐error 不显著,而 LM‐lag 和 Robust LM‐lag 都通过了 1% 显著性水平下的检验,表明空间滞后模型要优于空间误差模型。其次,对空间杜宾和空间滞后模型分别进行建模,得到二者对数似然值,经过比较,本书最终选定采用空间杜宾模型。

由于空间杜宾模型存在空间滞后项,因此各变量的回归系数不能如一般线性回归模型一样直接进行解释,同时回归系数的显著性也无法真实反映自变量对因变量的影响。因此,常采用偏微分方法以应对空间溢出效应,将其分解为平均直接效应和平均间接效应。平均直接效应表示本地区的解释变量经过一系列传递对本地区被解释变量的影响,平均间接效应表示本地区的解释变量经过传

递对所有其他地区被解释变量的影响,也可以表示为解释变量的空间溢出效应。后续将其简称为直接效应和间接效应对模型结果进行实证分析。

表 7 - 5 杜宾模型直接效应和间接效应

变 量 名 称	直 接 效 应	间 接 效 应
lnPop	0.362 8** (0.151 9)	1.054 (0.777)
lnRoad	0.750 7** (0.297 8)	0.469 5 (1.391 3)
Res	0.005 6*** (0.001 3)	−0.011 3 (0.008 0)
Hot	0.005 8 (0.007 1)	0.076 0* (0.042 1)
Poi	4.430 6*** (0.684 0)	−1.460 8 (4.937 8)
Land	1.561 2** (0.712 3)	−5.226 5 (4.847 0)
Bus	−1.278* (0.745 0)	−3.316 1 (4.701 1)
Rail	−0.171 8*** (0.029 3)	0.391 2*** (0.100 7)
Att	−0.158 3*** (0.043)	0.403 6* (0.219 7)

注:***、**、*分别表示在1%、5%和10%的显著性水平下显著,括号内为标准误。

模型的计算结果表明了,相邻乡镇街道的休闲活动强度与自身街道的休闲活动强度呈现负相关关系,即相邻乡镇街道的休闲强度上升,自身休闲活动强度反而会下降,两者存在抑制关系。

人口密度的直接效应估计结果为0.362 8,通过了5%的显著性检验,但间接效应没有通过显著性检验,表明本地区的人口密度对本地区休闲活动有正向的促进作用,对周边地区休闲活动密度的影响不显著。

从交通有关的影响因素来看,首先是公共交通,与公交车站的距离以及与地铁站点的距离的直接效应系数都为负值,分别通过了 10% 和 1% 的显著水平检验,表明良好的公共交通条件是吸引居民和游客开展休闲活动的重要影响因素,能够促进本地区休闲活动密度的提升。在间接效应方面,只有距离地铁站点的系数显著,系数为 0.391 2,可见本地区地铁设施越不便利,反而会促进周边地区休闲活动密度的上升,居民和游客更愿意选择靠近地铁站的区域。城市路网的系数结果与人口密度相似,直接效应显著,而间接效应不显著。总体来说,休闲活动强度与区位交通便利性密切相关,交通可达性是开展休闲活动的重要影响因素,但像公路、公路这一类交通设施无法很好地带动周边地区的休闲活动,溢出效应有限,地铁这类优质公共交通资源,各地区之间处于一种竞争关系。

从土地利用多样性的指标来看,首先是城市功能多样性,其系数通过了 5% 的显著性检验,休闲功能多样性则通过了 1% 的显著性检验,表明提高本地区土地利用多样化,形成复合功能区,或者提供多元化的休闲设施都能促进本地区休闲活动强度的提升。两个指标的间接效应不显著,对周边地区并无显著影响。

在旅游资源影响因素方面,直接效应通过了 1% 的显著性水平检验,间接效应通过了 10% 的显著性水平检验,直接效应显著为负,间接效应显著为正,表明距离 A 级景区的距离越近,越能有效提升本地区的休闲活动强度,但会降低周边地区的休闲活动强度,地区之间的 A 级旅游景点总体上可能处于竞争的关系,无法形成有效的正向溢出效应。

在休闲资源方面,餐饮密度的直接效应通过了显著性检验,间接效应并不显著,而住宿密度的间接效应通过了显著性检验,直接效应并不显著。餐饮场所作为日常生活中最为常见的休闲场所,仅能对本地区的休闲活动强度有提升作用,对周边地区的休闲强度并没有显著促进作用。住宿业作为与旅游业密切相关的行业,游客在选择旅游目的地的时候往往会考虑住宿产品的供给,尤其是上海乡镇街道之间流动很方便,因此住宿密度的提升有助于周边地区休闲活动强度的提升,但对本地区来说,并不是关键的影响因素。

7.3　基于变系数空间模型的异质性分析

- **数据准备**：收集适用于变系数空间模型的地理数据。

- **模型分析**：在 ArcMap 中使用变系数空间模型工具，探索数据的空间异质性。

- **结果解释**：对模型结果进行解释，并在地图上展示异质性的空间分布。

根据地理学第二定律，空间的隔离会导致地物之间的差异，这就会表现为异质性。普通最小二乘估计、空间杜宾模型从全局模式分析问题，属于全局回归，假定了变量之间的关系具有同质性，可能掩盖了变量之间的局部特性。采用地理加权回归（GWR）可以很好地解释变量的局部空间关系和空间异质性，其核心思想是将位置关系引入模型当中，利用样本一定范围内的数据进行局部加权回归，其表达式如下：

$$y_i = \beta_0(u_i, v_i) + \sum_{k=1}^{n} \beta_k(u_i, v_i) x_{ik} + \epsilon_i$$

其中，y_i 为位置 i 处的因变量，x_{ik} 为位置 i 处的第 k 个自变量，(u_i, v_i) 为回归分析点的坐标，$\beta_0(u_i, v_i)$ 为截距项，$\beta_k(u_i, v_i)$ 为回归分析的系数。其局部加权回归的公式解为：

$$\hat{\beta}(u_i, v_i) = [X^T W(u_i, v_i) X]^{-1} X^T W(u_i, v_i) y$$

$W(u_i, v_i)$ 为对角阵，其对角线元素为每个数据点到回归分析点 (u_i, v_i) 的空间权重矩阵值，常用高斯核函数 $w_{ij} = e^{-\frac{\left(\frac{d_{ij}}{b}\right)^2}{2}}$ 来确定具体权重值，d_{ij} 表示位置 i 与位置 j 之间的空间距离，b 为带宽值。

在经典地理加权回归中，所有变量都使用统一带宽，为了改善因采用同一带宽而过多捕捉噪声的问题，多尺度地理加权回归采取了可变带宽，表达式如下：

$$y_i = \sum_{k=1}^{n} \beta_{bwj}(u_i, v_i) x_{ij} + \epsilon_i$$

β_{bw} 为第 j 个变量回归系数使用的带宽，其余符号与经典地理加权回归含义一致。地理加权回归是针对每个点处建立局部的回归方程，产生多组系数，各影响因素系数的描述性统计如表 7-6 所示。

表 7 - 6　MGWR 回归系数描述性统计

解释变量	平均值	最小值	中位数	最大值
lnPop	0.203 7	0.138 4	0.195 3	0.480 9
lnRoad	0.886 9	0.882 8	0.886 8	0.890 5
Res	0.006 8	0.006 3	0.006 6	0.013 4
Hot	0.007 8	0.004 0	0.007 0	0.066 4
Poi	3.828 6	3.820 2	3.828 6	3.836 5
Land	1.180 1	1.172 9	1.180 1	1.187 1
Bus	−1.960 9	−2.031 6	−1.957 8	−1.897 1
Rail	−0.102 0	−0.164 5	−0.100 4	−0.077 2
Att	−0.172 3	−0.173 2	−0.173 2	−0.170 5

　　人口密度系数呈现西南—东北空间分异格局,人口密度对休闲活动密度的正影响从西南向东北方向逐渐减弱,系数的最大值位于金山区,最小值位于崇明区,说明金山区的常住人口规模对休闲活动密度的影响较大,而崇明区的常住人口规模对休闲活动密度的影响较小。可能原因是金山区为上海的远郊区,人口密度本身不大,旅游景点吸引的游客人数并不多,仍以本地居民为主导;而崇明区定位世界级生态岛屿,2021 年有 A 级景区 24 家,位列上海市各区第二,吸引了大量的游客,文旅业发展态势良好,因此常住人口因素对其休闲活动的格局影响较小。人口因素对市区影响较弱,表明城市中心人口密度较为饱和。

　　路网密度的系数呈现东南—西北空间分布格局,路网密度系数值最高的区域分别是金山区、奉贤区和浦东南部,这些区域地铁等公共交通较为匮乏,距离市区较远,因此以城市公路为主的自驾游是开展休闲活动的首选,居民会优先选择道路基础条件更好的区域。市区的路网密度影响较小,表明路网建设可能存在边际效应,同时要注意过高的路网密度会导致步行可达性降低,对城市活力有负面作用,最终影响居民的休闲活动。

　　在公共交通变量中,地铁站距离和公交站距离系数都为负数,即区域离地铁和公交的距离越近,人们的休闲活动就会有所增加,但两者的系数在空间上存在着差异,公交车站距离影响最大的区域是上海西部地区,而地铁站距离影响最大的区域集中在城市中部,主要是因为地铁站点主要集中在城市中心范围内。

在休闲资源相关变量中,住宿密度系数呈现中心环状放射格局,住宿密度被不少学者作为地区旅游业发展程度的重要指标,越靠近城市边缘,系数越高,表明住宿设施密度对这些区域的休闲旅游业发展的影响越大,因此,这些区域如果想提高区域内的休闲活动强度,可以考虑在以住宿业为代表的旅游资源方面进行投入,以提高旅游业收入。餐饮密度全局系数都为正,系数空间分布格局与住宿密度较为类似,餐饮场所作为重要商业功能设施,能够吸引大量人流和活动,上海城市建设发展圈层现象较为明显,城市外围的商业密度较低,处于城市建设发展阶段,完善以餐饮场所为代表的商业设施,有助于满足本地居民的休闲活动需求。

景区距离的系数在各区域都为负值,表明了离 A 级景区越远,人们的休闲活动强度会下降的特征。系数上总体上呈现西南—东北空间分异格局,越往西南方向,系数越小,表明这些地区休闲活动围绕 A 级景区聚集的情况更为明显,充分利用优质旅游景区资源是进一步吸引居民和游客的可行方法。

土地利用特征的城市功能多样性和休闲功能多样性对休闲活动都是正相关的影响,两者整体上都呈现西北—东南空间分异格局,越往东南方向,系数越大,提供更加多元化的休闲场所、促进城市土地的复合利用是这些区域提高休闲活动强度的方法之一,对建设还不充分的城市外围区域更是如此。

7.4　城市实时交通数据时空数据采集及分析

- **数据采集**:介绍如何使用 ArcGIS 收集城市实时交通数据。
- **时空分析**:利用 ArcMap 进行时空数据的预处理和分析。
- **可视化展示**:将实时交通数据的分析结果在地图上进行动态展示。

导航定位系统能够为不同用户提供全天候、高精度的位置、速度、航向及时间等信息,为解决提高出行效率、减少交通拥堵、降低交通事故率、减少大气污染等问题提供了新的技术手段和数据支撑——基于浮动车的交通信息。动态交通信息数据具有海量、时变、复杂等特性,因此,如何对交通数据进行表征、存储、管理、查询及信息挖掘是智能交通领域研究热点。

7.4.1 交通信息

随着经济高速的发展、城市化的加速以及城市人口的突增,交通运输领域受到了前所未有的挑战。随着计算机技术、遥感技术、自动控制理论、通信技术、网络技术和人工智能等科学技术的高速发展,作为解决城市交通管理问题的智能交通系统(Intelligent Transportation Systems,ITS)的概念应运而生,并成为近十几年来国内外各级政府和交通专家关注的热门话题。

交通信息是智能交通系统的数据支撑和基础。交通信息化的基础就是如何对交通现象进行高度抽象和提炼浓缩。通常,人们使用数据作为交通信息的表达方式,可通过对数据的解译、归纳、分析、综合等处理提取其所抽象的语义。而在计算机学科中,数据被定义为所有支持计算机存储和处理,且可被计算机程序处理的所有符号的总称。根据交通系统的组成,交通数据反映了交通出行者、管理者、交通工具、道路网络等相关信息。交通数据的来源、数据内容、数据结构的差异使其具备多源、海量、时变和异构等特点。按照交通数据的种类可以把交通数据分为空间数据、时态数据、属性数据等,其具有数据量大和操作性复杂等特点。按照交通数据随时间变化的属性可分为静态交通数据和动态交通数据。静态交通数据主要包括基础地理信息数据、交通管理信息数据、交通管理者信息数据和交通管理对象信息数据;动态交通数据包括规律性信息(如交通路况信息、气象信息、道路维修养护信息等)或突发式信息(如突发自然灾害信息、事故灾难信息、重大活动交通管制信息等)。

7.4.2 交通基础地理信息的抽象和表达

交通基础地理信息的抽象和表达是指面向交通导航的交通地理系统数据模型,其一般表现形式为国家规定的系列比例尺地图。区别于其他应用领域的地理信息,交通基础地理信息侧重于面向交通导航的应用。国外陆地导航数据模型以 GDF 导航数据格式(Geographic Data Files,欧洲)、SDAL 导航数据格式(Shared Data Access Library,美国)和 KIWI 导航数据格式(日本)最具代表性。国内研究起步较晚,至今还未形成统一的行业标准。目前具有相关资质的地图数据生产企业制定了各自的导航数据格式,如上海高德软件有限公司和北京易图通科技有限公司。

7.4.3　基础地理信息数据

根据基础地理信息描述的对象数据要素的不同,交通基础地理信息可以分为表 7-7 所列举的对象要素。

表 7-7　交通基础地理信息数据要素

要 素 名 称		要 素 描 述
矢量格式	道路网络	道路网络中心线
	陆地交通铁路	铁路网络中心线(包括地铁)
	航海交通	河流、海洋的助航设备及航道
	航空交通	航空航线
	植被	植被覆盖区域等
	居民地及其附属设施	居民地、商业区等建筑物区域
	水系水域	河流、湖泊、海洋等
	境界与政区	依据国家或行政管理区域为单位的划分界线
	兴趣点	兴趣点 POI 位置(包含交通电子眼、测速仪等设施位置)
栅格格式	道路交叉口实景图	道路交叉口的模拟图像或实景图像
	要素情景图	地物要素情景图像或序列图像
	配置图标	兴趣点 POI 等点状对象的渲染图标
	遥感图像	区域范围内的航空/航天遥感影像(背景图像)
	DEM	栅格形式的数字高程模型

7.4.4　基于 Web 服务的交通矢量地图

基于 Web 服务的空间数据发布模式的确对传统模式进行了革新,不仅改变了空间数据的设计、开发和应用方法,而且彻底改变了空间数据的共享方式,使空间数据共享达到了一个新的高度。目前,基于 Web 服务的空间数据发布技术,根据发布数据的描述方式可以分为基于矢量的交通地图发布技术和基于栅格的交通地图发布技术。二者的区别在于当客户端向服务端申请某一区域的地图数据时,服务端根据申请请求向客户端发送相应的数据,可以是矢量数据,也可以是栅格数据。需要注意的是,基于矢量的地图发布技术在客户端渲染地图时可能需要安装相应的插件。

目前已有的基于 Web 地图服务平台主要以基于栅格的交通地图发布技术为主导,其中最具代表性的是 Google Earth 和 Google Map。这些平台通过提供高分辨率的栅格地图数据,使用户能够在浏览器上轻松地浏览和交互地图。同时,它们还提供了丰富的地图功能和工具,如地图标记、导航和搜索等,以满足用户对地图数据的多样化需求。总的来说,基于 Web 服务的空间数据发布模式在空间数据共享方面取得了显著的进展,为用户提供了更为便捷和灵活的访问和使用交通地图数据的方式。

7.4.5　动态交通信息的数据采集与管理

在交通信息领域,覆盖的范围非常广泛,包括铁路、航空、水路、道路甚至未来的太空。交通信息是智能交通系统的基础核心数据,而动态交通信息的采集则是智能交通系统的首要任务。动态交通信息的采集是指利用各种交通检测器作为采集设备,通过各种交通信息采集模型和算法,实时或延时获取交通信息,为交通管理和参与者提供辅助决策信息。这些采集设备可以是交通摄像头、交通地磁传感器、交通流量传感器、交通速度测量器等。为了有效地采集动态交通信息,需借助多种技术和方法。例如,交通摄像头可以通过图像处理和计算机视觉技术来实时监测交通状况,包括车辆数量、车辆速度、交通堵塞情况等。交通地磁传感器可以用于检测车辆的进出和停留时间,从而估计交通流量和停车情况。交通流量传感器和速度测量器则可用于测量车辆通过某个位置的数量和速度。

此外,交通信息的采集还需要借助各种采集模型和算法,如交通流量模型、交通状况预测模型和交通事件检测算法等。这些模型和算法能够处理采集到的数据,提取有用的信息,并生成辅助决策所需的交通信息。

总而言之,动态交通信息的采集是智能交通系统中至关重要的任务之一。通过各种交通检测器、采集模型和算法,可以实时或延时地获取道路交通信息,并为交通管理和参与者提供辅助决策所需的信息。这为提升交通管理效率和交通参与者体验提供了重要支持。

表 7－8　不同交通信息采集技术的对比

影响条件	人工采集	环形线圈检测	交通监控设施		视频检测	移动式	
			无线射频识别	雷达测速仪		蜂窝无线	浮动车
交通流量采集	难			易 难 易	中 易 中	易	
车辆信息描述	难						难
车速采集难度	难			高 低 差			易
全天候、全天时	×				×		
成本状况					高	低	
定位精度	高				中	中	
可靠性	差				可靠	较好	

　　城市交通系统是由人员、车辆、道路和环境构成。交通系统的复杂性受到多种因素的影响,但其动力学行为和复杂演变规律的主要影响因素是我们人类的行为,而由浮动车采集的动态时空数据反映了人们的思维和行为。城市道路网络复杂度模型是以浮动车时空数据为基础的,这些数据本身就涵盖了道路本身的几何形态特征,道路网络几何关系和拓扑关系与浮动车时空数据之间是存在着密切关系的。

7.4.6　道路网络复杂度节点的 Delaunay 三角网分析

　　为了验证不同城市的道路网络复杂度的差异,对多个城市按照等间隔路段划分后的道路节点构建 Delaunay 三角网,图 7－10 和图 7－11 分别给出了北京和郑州两个城市的道路节点所构 Delaunay 三角网分布图,然后通过统计不同单位面积内包含三角形的个数,说明了不同城市及同一城市不同区域的复杂度不同的假设。

　　图 7－10 和图 7－11 中的 Delaunay 三角形的个数分别为 95 098 和 29 527,由此可见两个城市的道路几何分布不同。同时,同一城市内不同区域内的三角形密度分布也不同,密度越大,说明该部分的道路网络拓扑关系越复杂,由此可见不同城市及同一城市不同区域的道路网络复杂度是不同的假设是成立的。

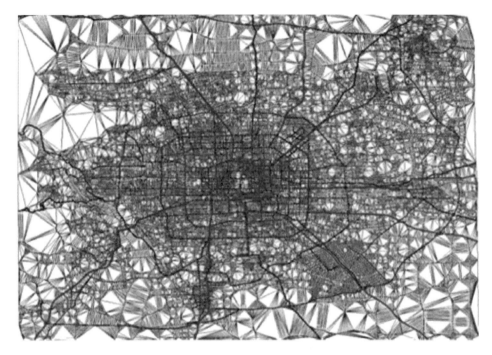

图 7‑10 北京市道路节点所构 Delaunay 三角网分布图

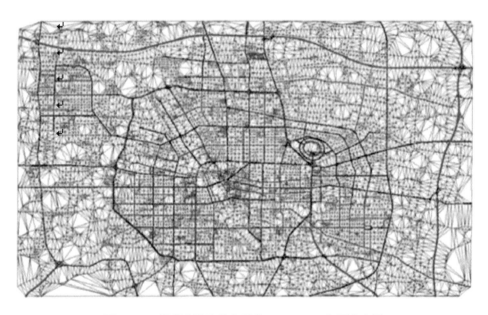

图 7‑11 郑州市道路节点所构 Delaunay 三角网分布图

7.5　本章小结

第 7 章通过一系列应用案例,展示了时空统计分析和 ArcGIS 软件在实际应用中的强大功能。从徐家汇街道英语培训机构的区位因素分析,到上海休闲活动影响因素的常系数空间模型分析,再到变系数空间模型的异质性分析,本章涵盖了多个领域的问题,并提供了详细的分析方法和步骤。

首先,基于 ArcGIS 软件的徐家汇街道英语培训机构区位因素分析案例,向读者展示了如何利用 GIS 进行地理位置分析和区位优化。通过这一案例,读者可以了解到地理位置对于商业决策的重要性,以及如何结合地理数据和商业数据进行综合分析。

其次,通过常系数空间模型,本章揭示了影响休闲活动分布的关键因素。这一案例不仅展示了空间回归模型在社会科学研究中的应用,也强调了空间自相关和空间异质性在分析中的重要性。变系数空间模型的异质性分析案例进一步探讨了空间数据的复杂性。通过变系数模型,研究者能够更准确地捕捉和解释空间数据中的局部变化和异质性,这对于理解地理现象的空间分布特征具有重要意义。

最后,城市实时交通数据时空数据采集及分析案例,展示了如何利用现代技术进行数据采集和实时分析。这一案例既体现了 GIS 在智慧城市建设中的应用,也突出了时空数据分析在解决交通问题中的潜力。

通过本章的学习,读者不仅能够掌握时空统计分析的关键概念和方法,还能够了解如何将这些方法应用于解决实际问题。这些案例为读者提供了宝贵的实践经验,有助于他们在未来的工作中更好地应用时空统计分析和 ArcGIS 软件。

~~~~~~~~~~~~~~~~ 思考与练习题 ~~~~~~~~~~~~~~~~

思考题:

1. 请解释 Arcgis 软件在区位因素分析中的作用。

2. 常系数空间模型和变系数空间模型在城市规划中的应用有何异同?

3. 时空数据采集及分析对于城市交通管理、传染病管理等领域有何重要意义?

练习题:

1. 使用 Arcgis 软件进行一次简单的区位因素分析,可以选择任何你感兴趣的主题,例如商店的选址。

2. 结合实际情况,设计一个基于时空模型的城市规划项目,并简要描述项目的目标和实施步骤。

3. 利用网络资源,查找并分析一个城市实时交通数据的应用案例,讨论其对城市管理的贡献。

第 8 章

ArcGIS 操作指南

8.1　ArcGIS 软件简介

ArcGIS 是美国环境系统研究所(Environment System Research Institute, ESRI)在全面整合了 GIS 与数据库、软件工程、人工智能、网络技术及其他多方面的计算机主流技术之后,推出的代表 GIS 最高技术水平的全系列 GIS 产品。ArcGIS 是一个全面的、可伸缩的 GIS 平台,为用户构建一个完善的 GIS 系统提供完整的解决方案。

所有的 ArcGIS 桌面软件都是由 Arcmap、ArcToolbox 和 ArcCatalog 三个应用环境组成。

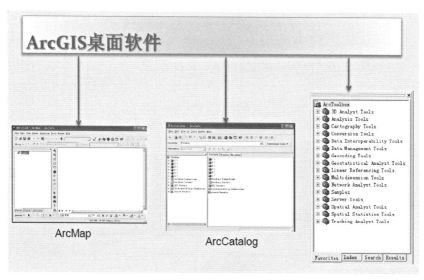

图 8‐1　ArcGIS 桌面软件构成

8.2 ArcMap 的界面介绍及功能讲解

ArcMap 是 ArcGIS 的桌面版,是 ArcGIS 桌面系统的核心应用。它把传统的空间数据编辑、查询、显示、分析、报表和制图等 GIS 功能集成到一个简单的可扩展的应用框架上。

8.2.1 启动 ArcMap

点开桌面图标(或者从程序中点开 ArcMap),如图 8-2 所示,即可直接打开 ArcMap 界面(见图 8-3)。

图 8-2 ArcMap 桌面图标

图 8-3 ArcMap 初始界面

8.2.2　界面的工具栏介绍

ArcMap 的主菜单如图 8-4 所示。

文件　编辑　查看　插入　　选择　　工具　窗口　帮助

图 8-4　ArcMap 主菜单

ArcMap 标准工具栏如图 8-5 所示。

图 8-5　ArcMap 标准工具栏

ArcMap 数据查看窗口如图 8-6 所示。

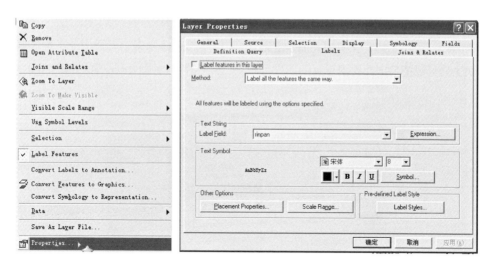

图 8-6　ArcMap 数据查看窗口

ArcMap 编辑工具栏如图 8-7 所示。

图 8-7　ArcMap 编辑工具栏

8.2.3 几个常用编辑工具介绍

（1）划线工具。可以进行矢量划线或者跟踪划线（见图 8 - 8）。

图 8 - 8　ArcMap 划线工具

（2）选择要素工具。可以对要素进行选择（见图 8 - 9）。

图 8 - 9　ArcMap 选择要素工具

（3）裁切工具。在实施此命令之前，必须先使用选择要素工具选中一个面。裁切工具可以把与选择要素重复的面进行删除（必须是面）（见图 8 - 10 和图 8 - 11）。

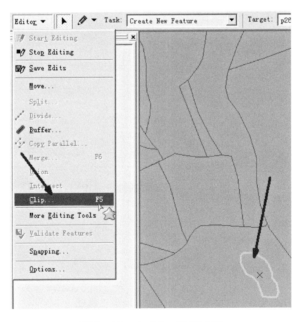

图 8 - 10　ArcMap 裁切工具

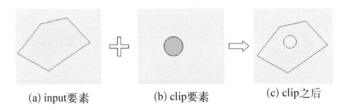

(a) input要素　　　(b) clip要素　　　(c) clip之后

图 8‑11　ArcMap 裁切工具示例

（4）合并工具。在实施此命令之前，必须先使用选择要素工具选中至少两个面，并且面要素在同一个层上（即同一个 SHP 数据）。合并工具可以把两个或两个以上的面合并为一个面（见图 8‑12 和图 8‑13）。

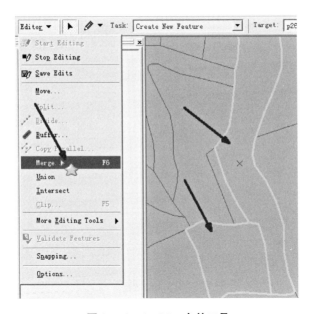

图 8‑12　ArcMap 合并工具

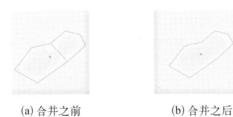

(a) 合并之前　　　　　　　(b) 合并之后

图 8‑13　ArcMap 合并工具示例

（5）切面工具。在实施此命令之前,首先选中至少一个面(见图 8 - 14 和图 8 - 15)。

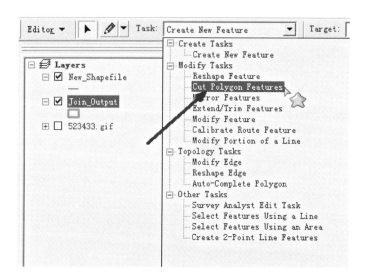

图 8 - 14　ArcMap 切面工具

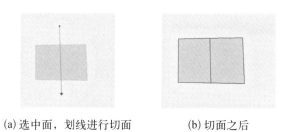

(a) 选中面, 划线进行切面　　　　(b) 切面之后

图 8 - 15　ArcMap 切面工具示例

8.2.4　属性列表相关操作

每个要素都有其对应的属性,且是一对一的关系。如果想要了解这个要素代表的意义,可以从下列几种方式查看其对应的属性即可。

1) 查看属性操作

查看属性方法一如图 8 - 16 所示。

查看属性方法二如图 8 - 17 所示。

查看属性方法三(只能在开始编辑的状态下)如图 8 - 18 所示。

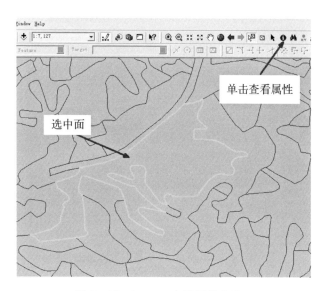

图 8‑16　ArcMap 查看属性方法一

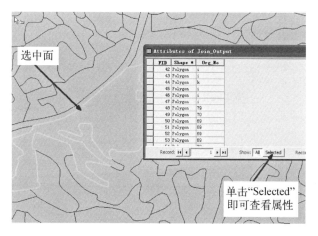

图 8‑17　ArcMap 查看属性方法二

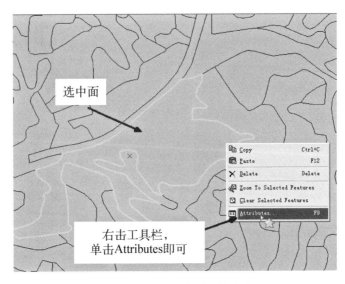

图 8 - 18 ArcMap 查看属性方法三

2) 增加(删除)属性字段操作

在增加(删除)属性字段之前,首先是要保证在停止编辑的状态下进行,然后打开属性列表,如图 8 - 19 所示。

图 8 - 19 ArcMap 打开属性列表

增加字段示例如图 8 - 20 所示。

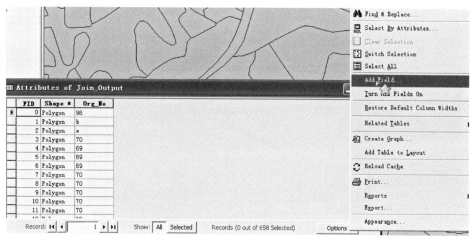

图 8 - 20　ArcMap 增加字段示例

箭头处所选的字段类型分为短整型（Short Integer）、长整型（Long Integer）、浮点型（Float）、双精度（Double）、文本（Text）、数据（Date）等几类。类型可以根据项目类型要求设置（见图 8 - 21）。

图 8 - 21　ArcMap 可增减字段类型

如图 8 - 22 所示，箭头所指之处为字段值的最大长度。

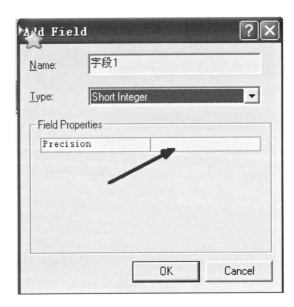

图 8‑22　ArcMap 字段类型对应最大长度

　　删除字段：选中所要删除字段的名称，右击 Delete Field 删除，如图 8‑23 所示。

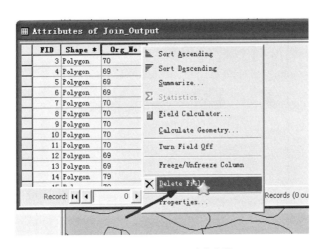

图 8‑23　ArcMap 删减字段

　　3）对属性进行筛选操作

　　前文讲的是从要素查看属性，现在要做的是根据属性找到该要素，并进行某种操作。

如果只单看某一个属性的要素,可以打开属性列表,找到对应的属性值,双击图 8‐24 箭头所指之处,所需要的要素就会跳到界面当中来,如图 8‐24 所示。

如果查看属性值为一个固定值的所有要素,可以从图 8‐25 箭头所指之处选择。

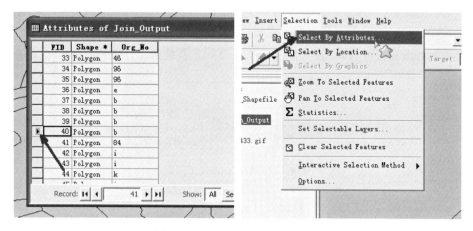

图 8‐24 ArcMap 选择要素　　　　　**图 8‐25 ArcMap 筛选要素**

语法公式一般为:"字段名"="字段值"(注意双引号必须在半角码的状态下)单击 OK,即可选择,如图 8‐26 所示。

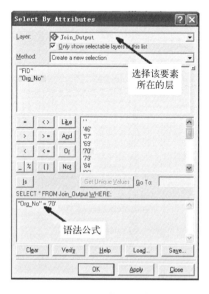

图 8‐26 ArcMap 筛选要素操作示例

8.3 ArcToolbox 的界面介绍及功能讲解

ArcToolbox 是 ArcGIS 中的一个强大工具集合,涵盖了数据管理、地理分析、数据转换、制图等多个方面。通过 ArcToolbox,用户可以方便地进行各种地理数据处理和任务分析,极大地提高了地理信息系统的工作效率(见图 8 - 27)。

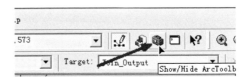

图 8 - 27 ArcToolbox 工具箱

下面是经常使用的几个数据处理工具的 ArcToolbox 界面(见图 8 - 28):重叠检查、数据合并、数据融合、橡皮擦。

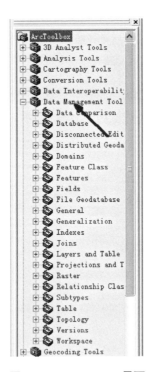

图 8 - 28 ArcToolbox 界面

8.3.1　重叠检查操作

在 ArcGIS 中,重叠检查(overlap check)操作通常用于检测和识别地理要素之间的重叠部分。这在确保数据的拓扑完整性、避免数据冗余和错误时非常有用。图 8－29 和图 8－30 是在 ArcMap 和 ArcGIS Pro 中进行重叠检查操作的详细步骤。

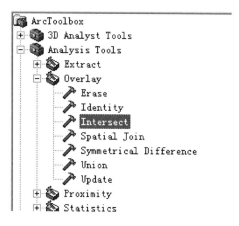

图 8－29　ArcToolbox 中的重叠检查

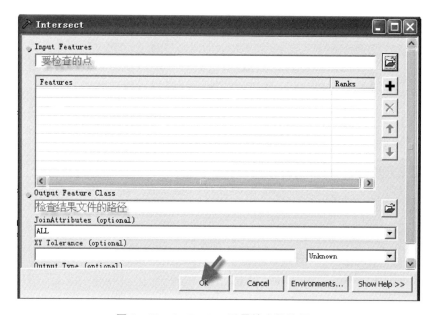

图 8－30　ArcToolbox 重叠检查操作界面

8.3.2 数据合并操作

在 ArcGIS 中,数据合并(Combine)是一种将多个数据集合并成一个单一数据集的工具。与融合(Merge)操作不同,合并操作主要用于将具有相同属性字段结构的数据集组合在一起,而不会进行额外的属性字段处理。不同层的数据合并在同层的数据当中,相当于数据的复制和粘贴。图 8 - 31 和图 8 - 32 是在ArcMap 和 ArcGIS Pro 中进行数据合并操作的详细步骤。

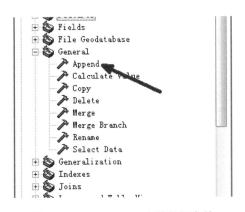

图 8 - 31　ArcToolbox 中的数据合并

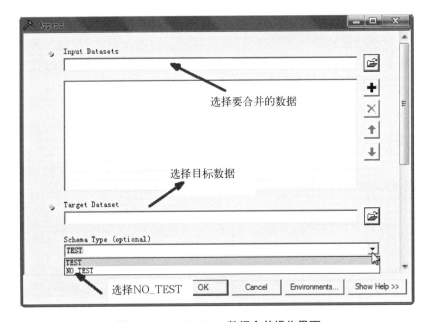

图 8 - 32　ArcToolbox 数据合并操作界面

合并的数据一般都合并在目标数据当中,因此在合并前,最好对目标数据进行备份。

8.3.3　数据的融合操作

在 ArcGIS 中,数据的融合操作是一种将多个数据集合并成一个单一数据集的操作。这通常用于将具有相同或相似属性的数据集整合在一起,以便于分析和管理。把属性值相同的数据合并为同一个数据,因此在运行此命令之后,要注意打散。图 8‑33～图 8‑35 是在 ArcMap 和 ArcGIS Pro 中进行数据融合操作的详细步骤。

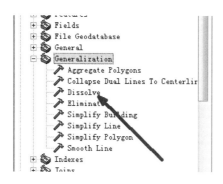

图 8‑33　ArcToolbox 中的数据打散与融合

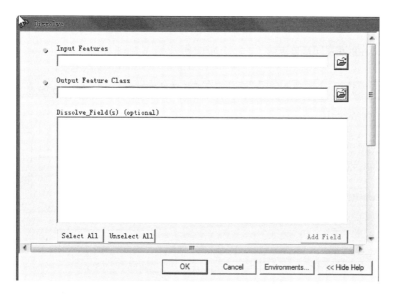

图 8‑34　ArcToolbox 数据打散操作界面

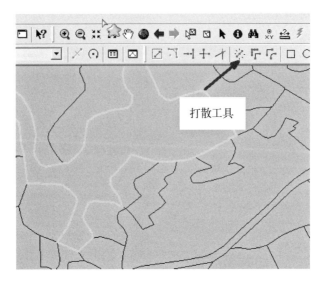

图 8‑35　ArcGIS 中的数据打散工具

8.3.4　橡皮擦操作

图 8‑36　ArcToolbox 中的橡皮擦

在 ArcGIS 中,橡皮擦(Erase)工具用于在编辑会话期间擦除要素的部分或全部。这个工具通常在 ArcMap 和 ArcGIS Pro 中使用,特别是在编辑矢量数据时。图 8‑36、图 8‑37 是在 ArcMap 和 ArcGIS Pro 中使用橡皮擦工具的详细步骤。

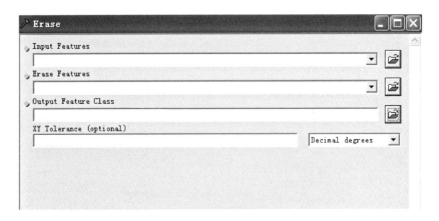

图 8‑37　ArcToolbox 橡皮擦操作界面

Input features 选择新建图层 a，Erase Festures 选择原始图层，Output Features Class 为自动生成的图层 c（可自主选择生成图层要放置的路径，也可不做处理用默认路径）。

8.4　ArcCatalog 的界面介绍及功能讲解

ArcCatalog 是 ArcGIS 套件中的一个重要组件，用于浏览、管理和组织 GIS 数据。它允许用户查看和管理地理数据文件、地理数据库、地图文档、工具箱和 ArcGIS Server 连接等。图 8 - 38、图 8 - 39 是 ArcCatalog 界面的详细介绍及主要功能。在这里只简单介绍几种：新建 SHP 数据、新建 Geodatebase、新建拓扑。

单击如图 8 - 38 所示的按钮可以打开 Catalog 界面（或者从程序中单击 ArcCatalog）。

图 8 - 38　ArcCatalog 启动按钮

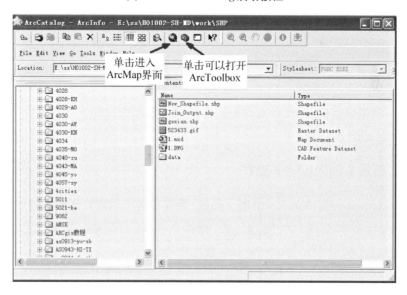

图 8 - 39　ArcCatalog 操作界面

189

8.4.1 新建 Shapefile 文件操作

Shapefile 是一种被广泛使用的地理信息系统矢量数据格式,由 Esri 公司开发。它通常用于存储地理空间数据,如点、线、面和其他几何形状。Shapefile 文件实际上是由多个文件组成的,这些文件必须一起使用才能完整地表示地理数据。以下是新建 Shapefile 文件的详细操作。

(1) 如图 8 - 40 所示,单击右键选择新建 Shapefile。

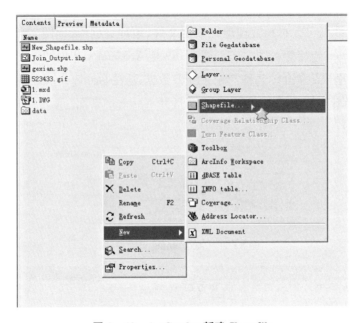

图 8 - 40 ArcCatalog 新建 Shapefile

(2) 弹出设置框,其中设置投影坐标系可以根据项目要求进行设置,也可以不用设置(见图 8 - 41)。

8.4.2 新建 Geodatabase 操作

Geodatabase 是 ArcGIS 中用于存储、管理和组织地理数据的容器。它支持多种地理数据类型,如点、线、面、表、栅格数据等。Geodatabase 可以是个人 Geodatabase(基于 Microsoft Access 数据库)或文件 Geodatabase(基于文件系统)。图 8 - 42 是在 ArcGIS 中创建 Geodatabase 的详细步骤,如在 Catalog 里新建数据库 yanshi.gdb(自己命名)。

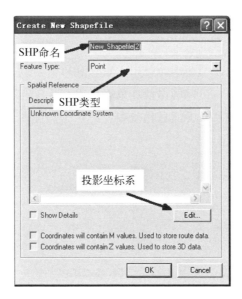

图 8‑41 新建 shapefile 操作界面

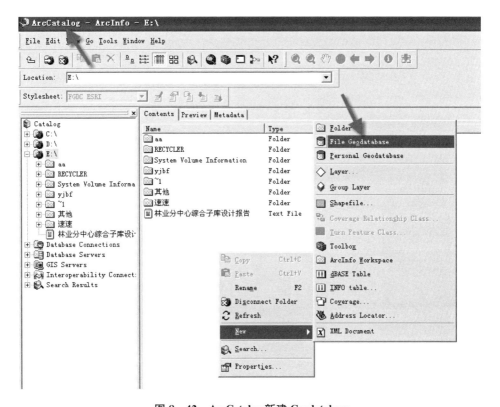

图 8‑42 ArcCatalog 新建 Geodatabase

8.4.3　新建拓扑操作

在 ArcGIS 中,拓扑(Topology)用于定义和维护空间数据的一致性和完整性规则。通过创建拓扑,可以确保地理数据集中的要素满足特定的空间关系,例如面要素不能重叠、线要素不能自相交等。图 8-43、图 8-44 是在 ArcGIS Pro 数据集内建拓扑的步骤。

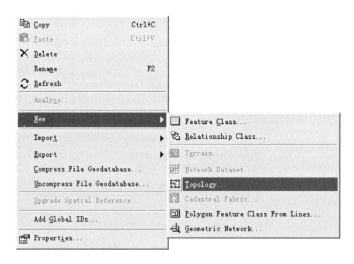

图 8-43　ArcCatalog 新建拓扑

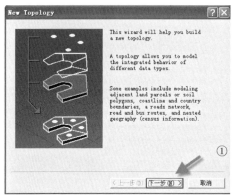

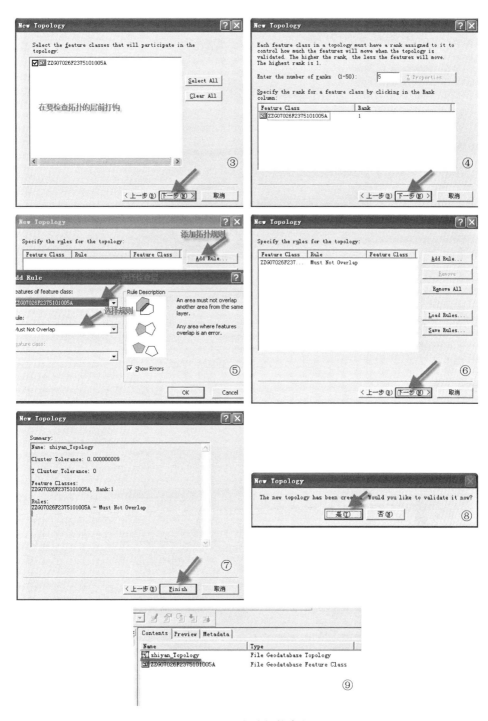

图 8‒44 新建拓扑步骤

8.4.4 常用拓扑规则介绍

1) 面层

(1) 面不能自相压盖(Must Not Overlap)。

说明：所有面层单独检查。

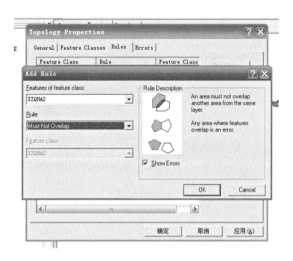

图 8-45 拓扑规则 A-1 面不能自相压盖

(2) 同层面不能有空洞(Must Not Have Gaps)。

说明：行政区面、地类图斑面和用途分区面。

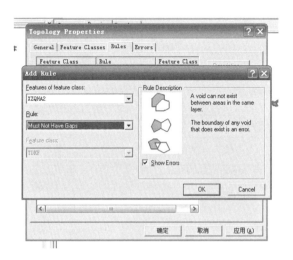

图 8-46 拓扑规则 A-2 同层面不能有空洞

2）线层

（1）线不能自相重叠（Must Not Overlap）。

（2）线不能相交（Must Not Intersect）。

说明：等高线层及有此拓扑要求的线进行检查。Must Not Overlap 是 Must Not Intersect 的特殊情况。

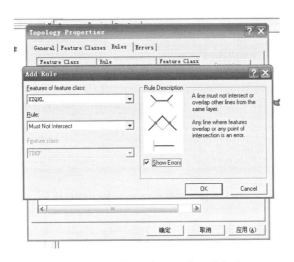

图 8 - 47　拓扑规则 B - 2 线不能相交

（3）线不能自相交（Must Not Self-Overlap）。

说明：所有线层都不能自相交，相当于 0 度打折。

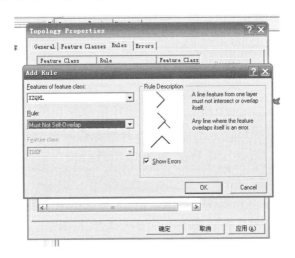

图 8 - 48　拓扑规则 B - 3 线不能自相交

（4）线不能悬挂（Must Not Have Dangles）。

说明：仅针对 QSJX、XZJX、DLJX 层。

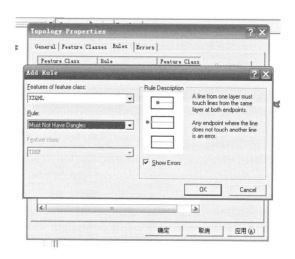

图 8‐49　拓扑规则 B‐4 线不能悬挂

8.5　操作检查事项

在进行地理信息系统操作时，为了确保数据的准确性、一致性和完整性，需要遵循一系列操作检查事项。以下是详细的操作检查事项列表，涵盖了数据输入、处理、分析和输出等各个环节。

8.5.1　面与边线一致性检查

在地理信息系统中，面与边线的一致性检查是一种重要的数据质量控制措施。这种检查确保面要素的边界与其相关联的线要素（通常是边线）在几何上完全匹配。图 8‐50 是在 ArcGIS 中进行面与边线一致性检查的详细步骤。

用 ArcMap 打开一个面数据和线数据。单击菜单 Selection‐**Select By Location**。

选择 OK 完成，然后在线层单击右键选择表（见图 8‐51）。选出来的就是面与边线不一致的线。

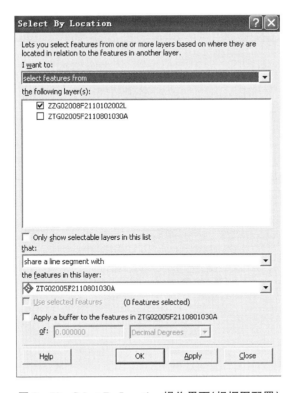

图 8‑50　Select By Location 操作界面(根据图配置)

图 8‑51　线 层 选 择

8.5.2　相交检查及修改

在地理信息系统中,Intersect(相交)工具用于分析多个图层之间的空间关系,并生成一个包含所有输入图层要素交集的新图层。这个工具在许多应用中都非常重要,例如分析不同区域的重叠情况、计算要素之间的相交面积等。为了确保 Intersect 操作的准确性和可靠性,以下是需要重点检查的事项。

8.5.2.1　输入数据检查

如图 8 - 52 所示,打开 ArcToolbox,选择如下工具。

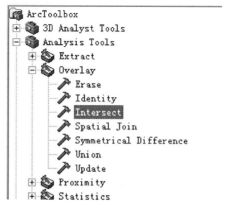

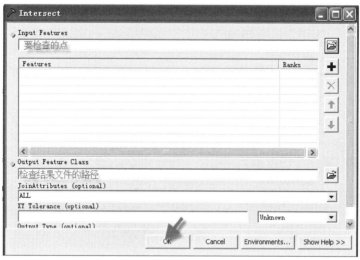

图 8 - 52　重点检查操作步骤

将生成的新文件加入文件管理器,查看 Table 表,如图 8 - 53 所示。

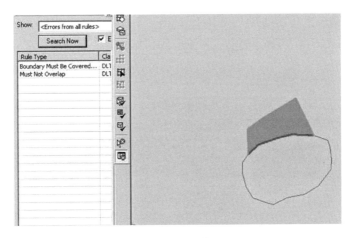

图 8 - 53　面压盖图示

8.5.2.2　面压盖修改

修改方法有以下几种：

（1）可以直接修改要素节点去除重叠部分。

（2）在错误上右击选择 Merge，将重叠部分合并到其中一个面里，如图 8 - 54 所示。

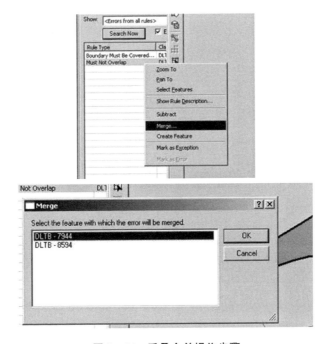

图 8 - 54　重叠合并操作步骤

（3）在错误上右击选择 Create Feature，将重叠部分生成一个新的要素，然后利用 Editor 下的 Merge 把生成的面合并到相邻的一个面里。

（4）用 Editor 下 Clip 直接裁剪重叠部分，如图 8-55 所示。

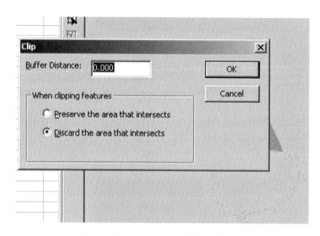

图 8-55　Clip 直接裁剪重叠部分

8.5.2.3　面不能有缝隙

（1）可以直接修改要素节点去除缝隙部分（见图 8-56）。

（2）在错误上右击选择 Create Feature，将缝隙部分生成一个新的要素，然后利用 Editor 下的 Merge 把生成的面合并到相邻的一个面里（见图 8-57）。

（3）Task 里选择 Auto-complete Polygon，用草图工具自动完成多边形，会在缝隙区域自动生成两个多边形，然后用 Merge 合并到相邻面里（见图 8-58、图 8-59）。

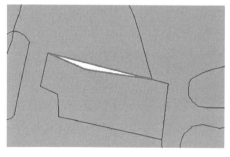

图 8-56　面有缝隙图示

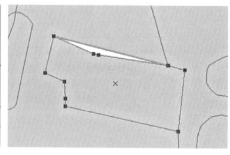

图 8-57　直接修改要素节点去除缝隙部分

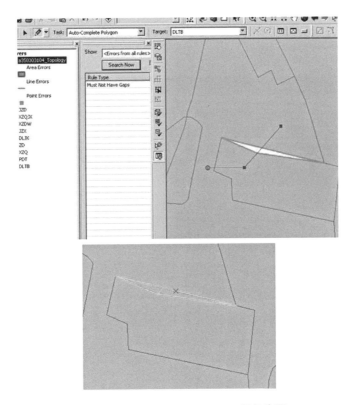

图 8 - 58　**Auto-complete Polygon 操作步骤**

注：查面的缝隙时最外围一圈会认为是缝隙，这种可以标注例外。

图 8 - 59　标注外围为例外

8.5.2.4 批量填空洞

（1）在数据库中新建一个图层（假如取名为 a），如图 8－60 所示。

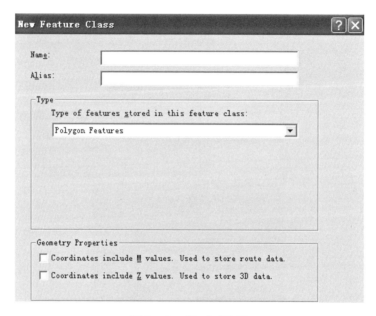

图 8－60 新 建 图 层

（2）在数据图层空洞旁用图层 a 画个面，此面要完全覆盖空洞，如图 8－61 所示。

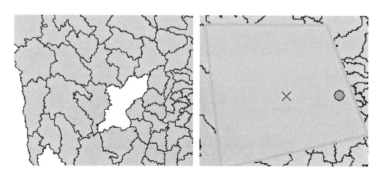

图 8－61 绘图覆盖空洞

用 Erase 生成图像，如图 8－62 所示。

Input Features 选择新建图层 a，Erase Festures 选择原始图层，Output Features Class 为自动生成的图层 c（可自主选择生成图层要放置的路径，也可不做处理用默认路径）。

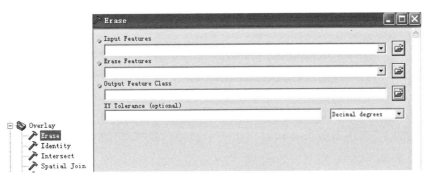

图 8‑62　Erase 生成(擦除)图像

8.5.3　多部分要素修改

在地理信息系统中,多部分要素(Multi-part Features)是指由多个部分组成的地理要素,这些部分在空间上可能是不连续的,但在逻辑上属于同一个要素。例如,一个面要素可能由多个不相连的部分组成,这些部分在属性上共享相同的属性值。

修改多部分要素时,需要特别注意处理每个部分的几何和属性一致性。以下是详细的操作步骤,可帮助我们在 ArcGIS 中修改多部分要素。

(1) 可以用高级编辑工具条上打散要素进行打散,如图 8‑63 所示。

图 8‑63　高级编辑工具条

(2) 直接用 ArcToolbox 里的 Multipart To Singlepart,如图 8‑64 所示。

图 8‑64　ArcToolbox 中的 Multipart To Singlepart

8.6 本章小结

第 8 章介绍了 ArcGIS 软件的操作指南,为读者提供了一个全面的学习框架,以帮助读者更有效地使用这一强大的地理信息系统工具。从 ArcGIS 软件的简介到 ArcMap、ArcToolbox 和 ArcCatalog 的具体操作,本章详细讲解了软件的各个功能和应用场景。

ArcMap 界面的介绍和功能讲解部分,可让读者对 ArcGIS 的桌面应用有初步的认识。通过地图制作、数据管理、空间分析和地图输出等基本操作的介绍,读者可以快速上手。ArcToolbox 的界面和功能讲解部分,为读者揭示了 ArcGIS 强大的地理处理能力。通过介绍各类空间分析工具,如缓冲区分析、叠加分析、网络分析等,读者可以深入了解 GIS 在空间数据处理和分析中的应用。ArcCatalog 的界面和功能讲解部分,向读者展示了如何管理和维护地理数据资源。通过 ArcCatalog,读者可以有效地组织和管理地理数据,确保数据的质量和可用性。

总的来说,本章为读者提供了实用的 ArcGIS 操作手册,无论是 GIS 初学者还是有一定基础的用户,都能从本章中获得宝贵的知识和技能。通过本章的学习,读者将能够更加高效地使用 ArcGIS 软件,探索地理信息的无限可能。

参 考 文 献

［ 1 ］邓敏,刘启亮,李光强,等.空间聚类分析及应用[M].北京：科学出版社,2011.

［ 2 ］李德仁,王树良,李德毅.空间数据挖掘理论与应用[M].北京：科学出版社,2006.

［ 3 ］ANSELIN LUC, FLORAX RAYMOND, REY SERGIO J. Advances in spatial econometrics：methodology, tools and applications[M]. New York：Springer Science & Business Media, 2013.

［ 4 ］ANDREWS D W K. Cross-section regression with common shocks[J]. Econometrica, 2005, 73(5)：1551-1585.

［ 5 ］ANSELIN L, BERA A K. Spatial dependence in linear regression models with an introduction to spatial econometrics[G]//Handbook of applied economic statistics. New York：Marcel Dekker, 1998：237-289.

［ 6 ］ANSELIN L, FLORAX R J G M. New directions in spatial econometrics：Introduction [M]. Berlin, Heidelberg：Springer Berlin Heidelberg, 1995：3-18.

［ 7 ］ANSELIN L, HUDAK S. Spatial econometrics in practice：a review of software options [J]. Regional Science and Urban Economics, 1992, 22(3)：509-536.

［ 8 ］ANSELIN L, MORENO R. Properties of tests for spatial error components[J]. Regional Science and Urban Economics, 2003, 33(5)：595-618.

［ 9 ］ANSELIN L. A test for spatial autocorrelation in seemingly unrelated regressions[J]. Economics Letters, 1988, 28(4)：335-341.

［10］ANSELIN L. Rao's score test in spatial econometrics[J]. Journal of Statistical Planning and Inference, 2001, 97(1)：113-139.

［11］ANSELIN L. Some robust approaches to testing and estimation in spatial econometrics [J]. Regional Science and Urban Economics, 1990, 20(2)：141-163.

［12］ANSELIN L. Spatial econometrics：methods and models[M]. New York：Springer Science & Business Media, 2013.

［13］ANSELIN L. Spatial econometrics[G]//Handbook of spatial analysis in the social sciences, 2022: 101 - 122.

[14] ANSELIN L. Spatial externalities, spatial multipliers, and spatial econometrics[J]. International Regional Science Review, 2003, 26(2): 153 - 166.

[15] ANSELIN L. Under the hood issues in the specification and interpretation of spatial regression models[J]. Agricultural Economics, 2002, 27(3): 247 - 267.

[16] BACKER E, JAIN A K. A clustering performance measure based on fuzzy set decomposition[J]. IEEE Transactions on Pattern Analysis and Machine Intelligence, 1981(1): 66 - 75.

[17] BALTAGI B H, SONG S H, KOH W. Testing panel data regression models with spatial error correlation[J]. Journal of Econometrics, 2003, 117(1): 123 - 150.

[18] BIRANT D, KUT A. ST-DBSCAN: An algorithm for clustering spatial-temporal data [J]. Data & Knowledge Engineering, 2007, 60(1): 208 - 221.

[19] BYERS S, RAFTERY A E. Nearest-neighbor clutter removal for estimating features in spatial point processes[J]. Journal of the American Statistical Association, 1998, 93 (442): 577 - 584.

[20] CASE A C. Spatial patterns in household demand[J]. Econometrica: Journal of the Econometric Society, 1991, 59(4): 953 - 965..

[21] CASE A. Neighborhood influence and technological change[J]. Regional Science and Urban Economics, 1992, 22(3): 491 - 508.

[22] CLIFF A D, ORD J K. Spatial processes: models & applications[J].Quarterly Review of Biology, 1982.DOI: 10.2307/143420.

[23] CLIFF A D, ORD K. Spatial autocorrelation: a review of existing and new measures with applications[J]. Economic Geography, 1970, 46(sup1): 269 - 292.

[24] CONLEY T G. GMM estimation with cross sectional dependence[J]. Journal of Econometrics, 1999, 92(1): 1 - 45.

[25] CRESSIE N. Statistics for spatial data[M]. New York: John Wiley & Sons, 2015.

[26] DUBBIN R A. Estimation of regression coefficients in the presence of spatially autocorrelated error terms[J]. The Review of Economics and Statistics, 1988, 70(3): 466 - 474.

[27] ERTOZ L, STEINBACH M, KUMAR V. A new shared nearest neighbor clustering algorithm and its applications[C]. Workshop on Clustering High Dimensional Data and Its Applications at 2nd SIAM International Conference on Data Mining, 2002: 8.

[28] ESTER M, KRIEGEL H P, SANDER J, et al. A density-based algorithm for discovering clusters in large spatial databases with noise[C]//Pro. of 2nd Int. Conf.

Knowledge Discovery and Data Mining, 1996: 291 - 316.

[29] FLORAX R J G M, VAN DER VLIST A J. Spatial econometric data analysis: moving beyond traditional models[J]. International Regional Science Review, 2003, 26(3): 223 - 243.

[30] GIACOMINI R, GRANGER C W J. Aggregation of space-time processes[J]. Journal of Econometrics, 2004, 118(1 - 2): 7 - 26.

[31] HANING R P. Spatial data analysis in the social and environmental sciences[M]. Cambridge: Cambridge University Press, 1993.

[32] JAIN A K. Data clustering: 50 years beyond K-means[J]. Pattern Recognition Letters, 2010, 31(8): 651 - 666.

[33] KAPOOR M, KELEJIAN H H, PRUCHA I R. Panel data models with spatially correlated error components[J]. Journal of Econometrics, 2007, 140(1): 97 - 130.

[34] KELEJIAN H H, PRUCHA I R. A generalized moments estimator for the autoregressive parameter in a spatial model[J]. International Economic Review, 1999, 40(2): 509 - 533.

[35] KELEJIAN H H, PRUCHA I R. A generalized spatial two-stage least squares procedure for estimating a spatial autoregressive model with autoregressive disturbances [J]. The Journal of Real Estate Finance and Economics, 1998(17): 99 - 121.

[36] KELEJIAN H H, ROBINSON D P. A suggested method of estimation for spatial interdependent models with autocorrelated errors, and an application to a county expenditure model[J]. Papers in Regional Science, 1993, 72(3): 297 - 312.

[37] KELEJIAN H H, ROBINSON D P. Spatial correlation: a suggested alternative to the autoregressive model[M]. Berlin, Heidelberg: Springer Berlin Heidelberg, 1995: 75 - 95.

[38] KISILEVICH S, MANSMAN F, NANNI M, et al. Spatio-temporal clustering[M]. New York: Springer US, 2010.

[39] KULLDORFF M, HEFFERNAN R, HARTMAN J, et al. A space-time permutation scan statistic for disease outbreak detection[J]. PLoS Medicine, 2005, 2(3): 216 - 224.

[40] KULLDORFF M. Prospective time periodic geographical disease surveillance using a scan statistic[J]. Journal of the Royal Statistical Society: Series A (Statistics in Society), 2001, 164(1): 61 - 72.

[41] LEE L F. Consistency and efficiency of least squares estimation for mixed regressive, spatial autoregressive models[J]. Econometric Theory, 2002, 18(2): 252 - 277.

[42] LEE L. Best spatial two-stage least squares estimators for a spatial autoregressive model

with autoregressive disturbances[J]. Econometric Reviews，2003，22(4)：307－335.

[43] LIU Q，DENG M，BI J，et al. A novel method for discovering spatio-temporal clusters of different sizes，shapes，and densities in the presence of noise[J]. International Journal of Digital Earth，2014，7(2)：138－157.

[44] MAGNUS J R. Maximum likelihood estimation of the GLS model with unknown parameters in the disturbance covariance matrix[J]. Journal of Econometrics，1978，7(3)：281－312.

[45] MARDIA K V，MARSHALL R J. Maximum likelihood estimation of models for residual covariance in spatial regression[J]. Biometrika，1984，71(1)：135－146.

[46] MARTIN R L，OEPPE J E. The identification of regional forecasting models using space：time correlation functions［J］. Transactions of the Institute of British Geographers，1975(66)：95－118.

[47] MILLER H J，HAN J. Geographic data mining and knowledge discovery[M]. New York：CRC Press，2009.

[48] ORD K. Estimation methods for models of spatial interaction［J］. Journal of the American Statistical Association，1975，70(349)：120－126.

[49] PEI T，ZHOU C，ZHU A X，et al. Windowed nearest neighbour method for mining spatio-temporal clusters in the presence of noise［J］. International Journal of Geographical Information Science，2010，24(6)：925－948.

[50] PFEIFER P E，DEUTSCH S J. A three-stage iterative procedure for space-time modeling phillip[J]. Technometrics，1980，22(1)：35－47.

[51] TAKAHASHI K，KULLDORFF M，TANGO T，et al. A flexibly shaped space-time scan statistic for disease outbreak detection and monitoring[J]. International Journal of Health Geographics，2008(7)：1－14.

[52] TANGO T，TAKAHASHI K，KOHRIYAMA K. A space-time scan statistic for detecting emerging outbreaks[J]. Biometrics，2011，67(1)：106－115.

[53] UPTON G，FINGLETON B. Spatial data analysis by example. Volume 1：Point pattern and quantitative data[M]. New York：John Wiley & Sons，1985.

[54] WANG M，WANG A，LI A. Mining spatial-temporal clusters from geo-databases[C]// International Conference on Advanced Data Mining and Applications. Berlin，Heidelberg：Springer Berlin Heidelberg，2006：263－270.

[55] WARDLAW R L，FROHLICH C，DAVIS S D. Evaluation of precursory seismic quiescence in sixteen subduction zones using single-link cluster analysis［J］. Pure and Applied Geophysics，1990，134：57－78.

［56］XU R，WUNSCH D. Clustering［M］. New York：John Wiley & Sons，2008.

［57］ZALAPIN I，GABRIELOV A，KEILIS-BOROK V，et al. Clustering analysis of seismicity and aftershock identification［J］. Physical Review Letters，2008，101（1）：018501.

索　引